조선의 백만장자 간송 전형필
문화로 나라를 지키다!

조선의 백만장자 간송 전형필
문화로 나라를 지키다!

최석조 글·권아라 그림

사계절

차례

프롤로그 8

1. 한글 창제의 원리를 밝히다,
《훈민정음해례본》 10

2. 어떤 삶을 살 것인가 22

3. 배운 만큼 큰다 35

4. 소리 없는 독립 투쟁 46

5. 사람과의 만남, 그림과의 인연 56

6. 빼앗으려는 자, 그리고 지키려는 자 76

7. 귀한 땅 팔아 쓸데없는 짓 한다 86

8. 세상의 보물을 모아 두는 곳 99

9. 독립, 그리고 다시 전쟁 109

10. 우리의 문화를 알리려는 마지막 열정 119

에필로그 126
도판 목록 130

프롤로그

총 1만여 점의
우리 문화재 수집.
그중 12점 국보, 10점 보물,
4점 서울시 문화재 지정.
국립중앙박물관보다 많은
겸재 정선의
유물 200여 점 소장.
조선 최대의 땅 주인이자
금수저, 일하지 않아도
평생을 놀고먹으며
생을 보낼 수 있던
그가……

집안의 온 재산을
탕진하면서까지
쓸모없어 보이는
낡은 골동품들을

사들인 이유는
무엇이었을까?

한글 창제의 원리를 밝히다, 《훈민정음해례본》

"그게 정말이오?"

전형필이 깜짝 놀라 소리쳤습니다. 김태준은 '쉿!' 하며 오른손 검지를 입에 갖다 대었습니다.

"그렇소. 드디어 《훈민정음》이 나타났소. 이제야 전 선생의 소원이 이루어지는 듯하오."

"어디 있다는 말이오. 당장 보여 주시오."

전형필은 믿기지 않는다는 표정으로 재촉했습니다. 늘 침착하던 사람이 이토록 흥분하는 건 드문 일이었습니다.

"내가 가지고 있는 게 아니오. 지금 경상도 안동에 있다는데, 아직 진짜인지 확실하지는 않소."

"안동? 어서 내려갑시다."

"일단 가서 확인부터 해 보려고 하오. 그나저나 《훈민정음》이 맞는다면 정말 구입하겠소?"

"그걸 말이라고 하시오? 《훈민정음》이 일본인의 손에 넘어가면 절대 안 됩니다. 그놈들이 무슨 짓을 할지 모르니 꼭 조선인, 아니 내게 책을 넘겨주어야 하오. 값은 달라는 대로 치르겠소."

1940년은 일본의 식민 지배가 극성을 부릴 때였습니다. 여기저기 전쟁을 벌여 놓은 일본은 부족한 물자를 대느라 숟가락 하나까지 거두어 갔고 사람들도 강제로 전쟁터로 끌고 갔습니다. 뿐만 아니라 철저히 조선을 말살하는 정책을 폈습니다. 학교에서 우리말을 가르치는 것은 물론 평소에도 우리말을 사용하지 못하게 금지했습니다. 이름조차 일본식으로 짓게 했지요. 우리의 얼과 혼을 없애 영원히 지배하려는 의도였습니다.

　일본은 한글을 깎아내리기 위해 온갖 이상한 소문을 퍼뜨렸습니다. 다른 나라의 글자를 보고 만들었다느니, 심지어 방문의 창살 모양을 본떠서 만들었다고까지 했습니다. 근본 없는 말이니 사용할 가치조차 없다는 뜻이었지요. 그런 엉터리 주장에도 시원스럽게 반박할 수가 없었습니다. 한글을 어떻게 만들었는지 설명해 놓은 책이 전해 오지 않았기 때문입니다. 그 책만 발견된다면 한글 창제의 비밀이 풀리는 건 물론 일본의 엉터리 주장도 소용없게 되지요.

　전형필은 그런 책이 있을 거라 확신했습니다. 새로운 글자를 만들면서 아무런 기록도 남기지 않았다는 건 말도 안 되거든요. 그런데 드디어 그 엄청난 책, 《훈민정음》이 나타났다는 소식을 들었으니 전형필의 흥분이 어느 정도였는지 짐작할 수 있겠지요?

　김태준은 독립운동 자금을 마련하고자 책을 팔려고 했는데, 아무에게나 이야기했다가 소문이라도 나면 만사가 끝이었습니다. 그래서 믿고 말할 수 있는 사람을 찾았는데 바로 전형필이었습니다. 하지만 책을 확인하러 간다던 김태준은 감감무소식이었습니다. 전형필은 혹시 중간에서 일이 잘못되었나 싶어 애간장을 태웠습니다. 야속하게도 《훈민정음》에 대한 소식은 더 이상 없었습니다. 뒤늦게야 전형필은 김태준이 감옥에 갔다는 사실을 알게 되었습니다. 당시 금지되었던 사회주의 운동을 했기 때문입니다.

3년 후인 1943년, 전형필 앞에 반가운 얼굴이 나타났습니다. 김태준이었습니다.

"전 선생, 약속을 못 지켜 미안하오. 일본 경찰에 붙잡히는 바람에……."

"알고 있었소. 면회도 못 가고 죄송하오."

"큰일 날 소리. 나 같은 사람을 면회 왔다가 무슨 경을 치려고요. 그나저나 저번 약속은 아직 유효한가요?"

김태준은 사방을 두리번거리며 낮은 목소리로 말했습니다.

"그렇다마다요. 분명 《훈민정음》이 맞지요?"

"틀림없소. 제자의 집안에 대대로 전해 오던 책이라오. 독립운동 자금이 필요하기에 처분하려 하는 것이오. 그런데 값이 좀 비쌉니다. 천 원은 받아야 하는데……."

김태준은 눈치를 보며 말꼬리를 흐렸습니다. 1000원이면 기와

집 한 채를 살 수 있는 큰돈이었거든요. 전형필은 정색하며 말했습니다.

"《훈민정음》은 우리나라 최고의 보물입니다. 이런 귀한 책은 그 값에 열 배를 더 주어도 모자라지요."

김태준의 눈이 휘둥그레졌습니다. 보통의 수집가라면 '얼싸, 좋다' 하며 부르는 대로 돈을 주고 말았을 겁니다. 전형필은 달랐습니다. 우리 문화재에 정당한 값을 매겨야 한다고 생각했거든요. 그게 우리 문화에 대한 자존심을 지키는 길이라 여겼던 것입니다. 한평생 문화재 수집을 하면서 지켜 온 원칙이었지요. 전형필은 책값 1만 원에, 김태준이 애써 준 수고비 1000원까지 모두 1만 1000원을 지불했습니다.

"일본이 이 책의 존재를 안다면 눈에 불을 켜고 빼앗으려 할 거요. 선생도 무사하지 못할 겁니다. 해방되는 날까지 부디 잘 지켜 주시오."

"목숨보다 소중히 여기겠습니다."

마침내 전형필은 바라고 바라던 《훈민정음》을 얻게 되었습니다. 한글이 처음 만들어진 해가 1443년(세종 25년)이니, 《훈민정음》을 얻은 때는 이로부터 꼭 500년째 되던 해였습니다. 책의 정식 명칭은 《훈민정음해례본》입니다. 훈민정음, 즉 한글에 대해 이해하기 쉽게 예를 들어 쓴 책이라는 뜻이지요.

·나·랏〮:말〯ᄊᆞ미〮
中듀ᇰ國귁·에〮달아〮
文문字ᄍᆞ·와로〮서르ᄉᆞᄆᆞᆺ디〮아·니〮ᄒᆞᆯᄊᆡ〮
·이〮런젼ᄎᆞ로〮어·린〮百ᄇᆡᆨ姓·셔ᇰ·이〮니르고〮져〮·홇·배〮이〮셔〮도〮
ᄆᆞᄎᆞᆷ〯내〯제ᄠᅳ·들〮시〮러〮펴〮디〮:몯〯ᄒᆞᇙ·노〮·미〮하〮니〮라〮
·내〮·이〮·ᄅᆞᆯ〮為·윙〮ᄒᆞ·야〮:어엿〮비〮너겨〮
·새〮·로〮·스〮믈〮여듧〮字ᄍᆞᆼ·ᄅᆞᆯ〮ᄆᆡᇰᄀᆞ〮노니〮
:사〯ᄅᆞᆷ:마〯·다〮:ᄒᆡ〮ᅇᅧ〮:수〯·ᄫᅵ〮니〮겨〮·날〮·로〮·ᄡᅮ〮·메〮便뼌〮
安한킈ᄒᆞ·고〮져〮ᄒᆞᇙᄯᆞᄅᆞ미〮니〮라〮

世_셰宗_종御_엉製_졩訓_훈民_민正_졍音_흠

나랏말〮ᄊᆞ미〮

中_듕國_귁에달아〮

文_문字_{ᄍᆞ}〮와〮로서르ᄉᆞᄆᆞᆺ디아니〮ᄒᆞᆯᄊᆡ〮

이런젼ᄎᆞ〮로어린百_{ᄇᆡᆨ}姓_셩이니르고〮

져〮ᄒᆞ〮배이〮셔도

"어디서 났소?"

남몰래 찾아간 국어학자에게 책을 보여 주자 깜짝 놀랐습니다. 전형필은 대답 대신 빙그레 웃기만 했습니다.

"여기 좀 보시오."

국어학자는 책의 첫머리에 나오는 내용을 천천히 읽어 나갔습니다.

"우리나라 말이 중국과 달라 한자와는 서로 잘 통하지 않는다. 그러므로 글자를 모르는 백성들은 제 뜻을 제대로 전달하지 못한다. 내 이를 가엾게 여겨 새로 스물여덟 글자를 만드니 모든 사람들이 쉽게 익혀 날마다 편리하게 사용했으면 좋겠다."

세종 대왕이 한글을 왜 만들었는지 밝힌 내용입니다. 모든 백성이 어려운 한자 대신 쉬운 한글을 배워 편히 쓰게 하고자 만들었다는 말입니다. 백성을 아끼는 세종 대왕의 마음이 잘 나타나 있지요. 세종 대왕이 처음에 만든 글자는 모두 스물여덟 자였습니다.

ㄱ ㅋ ㆁ ㄷ ㅌ ㄴ ㅂ ㅍ ㅁ ㅈ ㅊ ㅅ ㆆ ㅎ ㅇ ㄹ ㅿ
· ㅡ ㅣ ㅗ ㅏ ㅜ ㅓ ㅛ ㅑ ㅠ ㅕ

나중에 'ㆆ(여린히읗), ㆁ(옛이응), ㅿ(반시옷), ·(아래아)' 등 네 글자는 없어져 지금은 스물네 자만 쓰고 있지요.

그런데 《훈민정음해례본》에는 놀라운 사실이 적혀 있었습니다.

기본 자음인 'ㄱ, ㄴ, ㅁ, ㅅ, ㅇ' 다섯 글자는 소리 나는 곳의 모양을 본떠서 만들었다고 나왔습니다.

"ㄱ은 혀의 뒤쪽이 목구멍을 막는 모양, ㄴ은 혀가 윗니에 붙는 모양, ㅁ은 입의 모양, ㅅ은 이의 모양, ㅇ은 목구멍 모양을 본떠 만들었군요."

"참으로 기막힌 발상입니다!"

"그러게 말이에요. 의사도 아닌 분이 어찌 사람 목의 구조까지 들여다보았는지. 모음도 보세요. ㆍ는 하늘이 둥근 모양, ㅡ는 땅이 평평한 모양, ㅣ는 사람이 서 있는 모양을 본떴다는군요."

"아! 모음 세 글자는 천지인(天地人), 곧 하늘, 땅, 사람을 뜻하는군요."

ㄱ, ㄴ, ㅁ, ㅅ, ㅇ, ㆍ, ㅡ, ㅣ, 이 여덟 글자를 기본으로 하여 나머지 스무 자도 만들었습니다. 예를 들어 ㄴ에 줄 하나를 더하면 ㄷ, 두 개를 더하면 ㅌ이 되는 겁니다. 모음도 ㆍ와 ㅣ를 합치면 ㅏ와 ㅓ, ㆍ와 ㅡ가 합치면 ㅗ와 ㅜ가 되는 겁니다.

"한글이 다른 나라의 글자를 본떴다거나 창살 무늬를 보고 만들었다는 일본의 주장은 모두 거짓이네요."

한글은 매우 과학적이고 철학적인 글자입니다. 자음은 사람의 발성 기관을 본떠서 만들었기에 과학적이고, 모음은 우주의 기본 원리인 '천지인'을 바탕으로 만들었기에 철학적이지요. 또한 한글은 매우 효율적인 글자입니다. 요즘 스마트폰을 보더라도 알 수 있지요. 한글처럼 열 개의 자판만으로 쉽게 글자를 칠 수 있는 언어는 많지 않아요. 더구나 한글은 표현하지 못하는 소리가 없습니다. 바람 소리는 물론 개 짓는 소리까지 정확하게 표현할 수 있거든요. 그렇기에 미국의 언어학자 로버트 램지는 "한글보다 뛰어난 문자

는 없다. 세계의 알파벳이다."라고 했으며, 영국의 문화학자 존 맨은 "한글은 모든 언어가 꿈꾸는 최고의 알파벳이다."라며 극찬했지요.

　세계의 주요 언어 가운데 만든 원리가 밝혀진 문자는 한글이 유일합니다. 바로《훈민정음해례본》이 있었기에 그러한 사실도 밝힐 수 있었던 것이지요.

　"전 선생! 이 책은 값을 따질 수 없는 우리 민족의 보물이오."
　"제가 이 책을 가지고 있다는 사실을 아무에게도 말해서는 안 됩니다. 지금 일본이 설쳐 대는 꼴을 보니 몇 년 못 가 우리는 독립할 겁니다. 잘 간직하고 있다가 그때 세상에 알려야겠습니다."

　전형필은 다른 어떤 문화재보다《훈민정음해례본》을 소중하게 간직했습니다. 6·25 전쟁 중에 피난 갈 때도 다른 문화재들은 모두 기차로 실어 보냈지만 이 책만큼은 가죽 가방에 넣어서 직접 손에 들고 다녔지요. 잘 때도 머리맡에 꼭 놓아두고 잠들었습니다. 우리나라에, 아니 세계에 단 하나밖에 없는 귀한 물건이었기 때문입니다.

　나중에《훈민정음해례본》은 국보 제70호로 지정(1962년)되었고, 유네스코 세계 기록 유산으로도 등재(1997년)되었습니다. 전형필이 지극한 정성으로 책을 무사히 지켜 준 덕분입니다.

국보 제70호, 《훈민정음해례본》, 1446년(세종 28년).

《훈민정음》은 크게 '예의본'과 '해례본'으로 나뉜다. 예의본은 세종이 직접 지은 글로 한글을 만든 이유와 한글 사용법을 간단히 설명해 책으로 엮은 것이다. 해례본은 성삼문, 박팽년 등 세종과 함께 한글을 만들었던 집현전 학사들이 한글의 원리와 용법을 상세하게 풀어 쓴 책이다.

어떤 삶을 살 것인가

간송 전형필.

꽤 낯선 이름이지요? 아마 처음 들어 본 사람도 많을 겁니다. 그럼, 간송미술관은 아는지요?

서울시 성북동에 자리 잡은 우리나라 최초의 사립 박물관으로 여러 점의 국보와 보물을 비롯해 수많은 문화재가 있는 곳입니다. 간송미술관에서는 해마다 봄, 가을 두 번의 전시회가 열리는데, 그때마다 많은 사람들이 줄을 서서 관람하지요. 평소에 보기 힘든 귀하고도 매력적인 문화재들이 관람객의 발길을 끌어당기거든요. 이런 귀한 문화재를 모아서 간송미술관을 세운 사람이 바로 전형필입니다. 간송은 전형필의 호이지요.

전형필은 일제 강점기 때 우리 문화재를 지키는 데 열정을 바쳤고, 해방 후에는 그 가치를 알리는 데 앞장섰습니다. 흔히 위인이라면 나라를 지키기 위해 싸우거나, 대단한 발명을 하거나, 예술 방면에 두각을 나타낸 사람을 생각하기 쉬운데, 특이하게도 문화재 수집으로 우리 역사에 이름 석 자를 새겼습니다. 전형필, 그는 과연 어떤 삶을 살았을까요?

전형필은 지금으로부터 110여 년 전인 1906년, 서울에서 태어났습니다. 우리 민족 역사상 가장 암울한 때였지요. 일본이 우리나라를 완전히 빼앗기 위한 계획을 진행 중이었는데, 한 해 전인 1905년에는 조선의 외교권을 빼앗으려 을사조약을 맺기도 했지요. 조선은 나라 이름을 대한 제국으로 바꾸고 고종 임금도 황제로 즉위하면서 일본의 침략에서 벗어나고자 안간힘을 썼지만 소용없었습니다. 5년 후인 1910년, 마침내 강제로 한일 합병 조약을 맺게 되었거든요. 대한 제국, 즉 조선은 나라를 세운 지 518년 만에 사라지고 맙니다. 나라 없는 백성, 이것이 전형필을 기다리고 있던 얄궂은 운명이었지요.

전형필은 아버지 전영기, 어머니 밀양 박씨 사이의 2남 4녀 중 둘째 아들이었습니다. 형필이 태어났을 때 맏이 형설은 벌써 열다섯 살이었습니다. 어머니가 마흔다섯 살이었으니 형필은 귀한 늦둥이였지요.

형필의 집안은 나라 안에서 열 손가락에 들 만큼 큰 부자였습니다. 선대 할아버지 때부터 배오개 장터(지금의 서울 종로)에 자리를 잡고 장사를 해서 많은 돈을 모았거든요. 형필의 집안은 서울은 물론 경기도, 황해도, 충청도에 넓은 땅이 있었고, 여기에서 나는 쌀만 해도 한 해에 수만 석(쌀 한 석은 두 가마니)이었습니다. 만석지기의 재산가, 지금으로 치면 백만장자였지요.

형필의 집안은 종로에 커다란 집을 지어 놓고 할아버지는 물론 아버지, 작은아버지도 함께 살았습니다. 남부러울 게 없었지만 단 하나, 자손이 귀했습니다. 형필의 아버지도 형제가 두 명뿐이었는데 그나마 작은아버지에게는 자식이 없었습니다. 그런 가문에 늦둥이 형필이 태어났으니 크나큰 기쁨이었겠지요. 형필은 태어나자마자 작은아버지 전명기의 양자가 되었습니다. 당시에는 가문의 대를 잇는 것을 중요하게 여겨서 아들이 없는 집에서 다른 형제가 낳은 아들을 양자로 들여 자식으로 삼는 일이 흔했거든요.

　늦둥이 형필은 온 가족의 사랑을 한 몸에 받으며 자랐습니다. 할아버지는 형필에게 한문을 가르쳐 주었습니다. 어릴 적에 배운 한문은 나중에 문화재 수집을 할 때 많은 도움이 되었지요. 그러나 형필이 점점 커 가면서 아버지의 고민이 깊어 갔습니다. 시대가 빠른 속도로 변하고 있었습니다. 새로운 문물이 꾸역꾸역 밀려들어 왔으니 집에서 옛날 학문만 배우다간 우물 안 개구리가 되기 십상이었지요.

"형님, 이제 형필이도 신식 교육을 시켜야 하지 않나요?"

"그러게 말이다. 시대는 자꾸 변하는데 옛날 공부만을 고집할 수 없는 노릇이잖니."

"아버님이 여전히 한학을 고집하시니……."

"내가 한번 잘 말씀드려 볼게."

열두 살이 되던 1917년, 형필은 어의동보통학교(지금의 서울 효제 초등학교)에 입학했습니다.

형필은 새로운 교과를 배우는 즐거움에 푹 빠졌습니다. 집에서 배우던 한학과는 전혀 다른 과목인 영어, 지리, 수학, 과학, 미술 등은 새롭고도 신기했습니다. 집에 돌아와서 그날 배운 내용을 신나게 들려주면 아버지는 흐뭇한 표정으로 바라보곤 했지요. 새로운 친구들을 사귀어 마음껏 뛰노는 즐거움도 만끽했습니다.

좋은 일만 있었던 건 아닙니다. 어린 나이에 감당하기 힘든 슬픈 일을 연달아 겪기도 했습니다. 할아버지와 할머니는 물론 그토록 아껴 주시던 양아버지까지 모두 돌아가셨거든요. 더욱 충격적인 건 형의 죽음이었습니다. 1919년, 듬직했던 형 전형설이 불과 스물아홉 살의 나이로 갑작스레 세상을 등지고 말았습니다. 비록 어린 형필이었지만 가까운 사람들의 죽음은 삶에 대해 깊이 생각하는 계기가 되었습니다. 삶이 헛되지 않기 위해서는 무언가 뜻있는 일을 해야 한다는 깨달음이었지요.

나라를 잃은 가운데 집안의 슬픔이 겹쳤지만 새로운 희망도 보았습니다. 형필이 열네 살 되던 해인 1919년에 3·1 만세 운동이 일어났거든요. 고종 황제의 죽음과 장례일을 계기로 3월 1일 서울에서 시작된 독립 만세 운동은 전국으로 퍼져 나갔습니다. 200만 명 이상이 참가한 만세 운동은 우리 민족 최대의 독립운동이었지요.

수많은 사람들이 태극기를 들고 거리로 뛰쳐나와 조선의 독립을 외친 일은 우리 모두에게 희망을 심어 주었습니다. 언젠가는 조선이 일본으로부터 독립할 거라는 믿음이 싹텄습니다. 형필에게도 나라를 위하는 일이 무엇인지 생각하는 기회가 되었습니다.

1921년, 형필은 열여섯 살에 휘문고등보통학교(지금의 휘문고등학교)에 입학했습니다.

휘문고보는 일제 강점기 때 우리 민족의 자존심을 지킨 학교로 유명했습니다. 3·1운동 때는 3학년 학생이던 시인 김영랑이 붙잡혀 감옥에 가기도 했고, 학교 선생님과 동문들이 힘을 모아 '조선어연구회'를 만들기도 했거든요. 민족의식과 인문학적 교양이 풍부한 교사들 덕분에 학생들도 많은 영향을 받았습니다. 〈향수〉라는 시를 쓴 정지용, 〈모란이 피기까지는〉의 김영랑, 소설가 이태준도 모두 이 학교 출신이었지요.

형필의 외사촌 형 박종화도 한 해 전까지 휘문고보를 다녔습니다. 형필이 휘문고보를 가게 된 것도 박종화의 영향이 컸지요. 박종화는 우리나라 역사에 무척 관심이 많아 나중에 유명한 역사 소설가가 되지요. 연산군의 이야기를 다룬 《금삼의 피》, 고려 시대의 개혁가 신돈에 관해 쓴 《다정불심》, 광해군이 등장하는 《자고 가는 저 구름아》, 그리고 《세종 대왕》 등이 대표작입니다. 박종화는 형필에게 우리 역사 이야기를 자주 들려주었습니다. 새롭고도 귀가

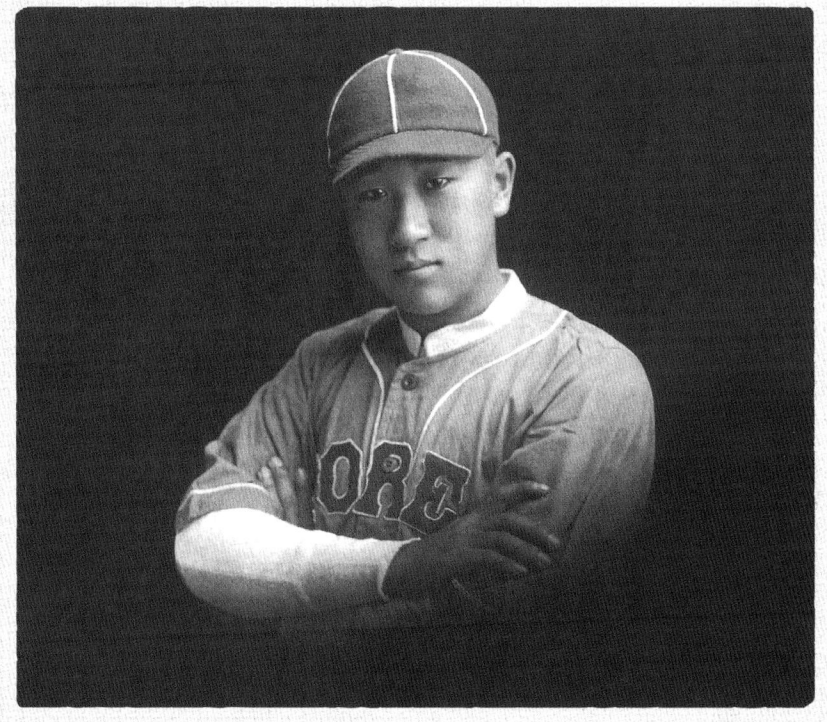

휘문고보 야구 선수 시절의 전형필, 1924년.
전형필은 학교 대표 야구 선수로도 활동하면서 몸과 마음을 다졌다. 4학년 때는 주장으로서 일본 오사카중학교와 시합을 벌여 이기기도 했다. 독서가 형필의 마음을 살찌웠다면 야구는 몸을 튼튼하게 해 준 셈이다.

번쩍 뜨이는 내용이었습니다.

"우리 오천 년 역사의 시조가 누구인지 아니?"

"그야, 단군이지요."

"맞아. 그런데 일본은 단군이라는 존재를 아예 부정하지."

전형필의 외사촌 형 월탄 박종화
1979년 《박종화대표전집》의 서문에서 그는 역사 소설가가 되기로 결심한 이유에 대해 "나날이 스러져 가는 아름다운 이 조국을 마음속 깊이 간직하자는 슬프고 외롭던 의도" 때문이라고 밝힌 바 있다. 3권의 시집과 18편의 장편 소설, 12편의 단편 소설, 5권의 수필집, 평론집을 냈다.

"왜 말도 안 되는 억지를 쓰는데요?"

"우리 역사를 지워 버리려는 거야. 일본의 역사는 아주 길게 잡아야 2600년, 우리 반밖에 되지 않잖아. 우리를 지배하는 입장에서 보면 자존심 상하는 일이거든."

"고작 그런 이유 때문에 단군을 부정한다고요?"

"또 있어. 단군이 없으면 우리 시조가 사라지잖아. 우리 민족을 하나로 뭉치게 하는 상징과도 같은 존재가 없어지는 거야. 그럼,

긍지도 사라지고 자연스레 분열하게 되지. 그뿐 아니야. 지금의 식민 지배를 정당화하려면 역사를 왜곡할 수밖에 없거든."

"역사를 왜곡하다니요?"

"이미 삼국 시대인 4세기부터 저들이 가야 지방에 임나(가야) 일본부를 세우고 우리를 200년 동안 지배했다고 주장하거든. 우리가 옛날부터 자기들의 지배를 받았으니 지금 받는 것도 당연하다는 거지. 그것뿐이겠어? 일본은 우리의 문화재도 눈에 띄는 대로 약탈해서 자기네 나라로 가져가고 있어."

"우리 문화재를요?"

"물론 우리 문화재가 우수하니까 그렇기도 하지만, 우리의 문화를 말살하려는 의도도 있지. 우리를 영원히 지배할 속셈인가 봐."

형필은 이야기를 들을 때마다 주먹이 부르르 떨렸습니다. 그렇지만 도리가 없었습니다. 힘이 약해 강제로 지배받고 있는 상황이니까요. 일본은 그런 지배를 정당화하기 위해 끊임없이 우리 역사를 왜곡했지요. 박종화는 올바른 우리 역사책을 읽어 보도록 권했습니다. 형필은 외세의 침략에 맞서 싸웠던 을지문덕, 강감찬, 이순신 장군의 활약에 대해서도 자세히 알게 되었고, 세종 대왕을 통해 한없이 풍성한 문화를 지녔던 민족임을 새삼 깨달았습니다.

자연스레 독서는 형필의 취미가 되었습니다. 서점을 돌아다니며 책을 골라 읽는 재미에 빠지게 되었고, 서점 책꽂이에 놓인 옛

날 책에도 관심을 갖게 되었습니다. 마음에 드는 책은 바로 사 들고 오는 일도 잦았습니다. 형필의 공부방은 금세 책으로 가득 찼습니다.

형필은 3학년 때(열여덟 살) 김점순과 결혼도 했습니다. 자손이 귀한 집이라 일찍 후손을 바라는 부모님의 희망을 받아들여 서둘렀던 겁니다.

휘문고보 졸업이 가까워지자 형필은 진로에 대해 깊이 고민했습니다. 대학에 진학해 우리 문학이나 역사에 대해 공부하고 싶었는데, 아버지는 변호사가 되길 원했습니다. 고민 끝에 결국 아버지의 뜻을 받들어 스물한 살 되던 해인 1926년에 일본 와세다대학 법과에 입학합니다. 옛날에는 우리의 문화를 보고 배웠던 일본이 어떻게 발전해서 우리를 지배하게 되었는지, 직접 가서 일본의 문화를 배우는 것도 괜찮다고 여겨 결심한 것입니다.

배운 만큼 큰다

　조선에서는 부러움을 한 몸에 받던 학생이었지만, 일본에서 전형필은 그저 식민지에서 건너온 이름 없는 학생일 뿐이었습니다. 같은 과 학생들조차 은근히 무시하는 경우가 있었지요. 부푼 기대를 안고 떠나온 일본 유학이었지만 마음이 편치만은 않았습니다. 혼자 도서관이나 서점을 찾는 일이 점점 많아졌지요.

　하루는 도쿄에서 가장 큰 서점을 둘러보는데 눈이 한곳에 멈추었습니다. '도서 수집 목록 공책(수집한 책을 알아보기 쉽게 정리하는 데 쓰는 공책)'이 나란히 꽂힌 칸이었습니다. 그중에서도 가장 두꺼운 공책 한 권을 골랐습니다. 그동안 모아 둔 책도 제법 되었고 앞으로도 모아 나간다면 금방 목록을 채울 수 있을 분량이었지요. 그때 누가 등을 툭 쳤습니다. 같은 과에 다니는 일본인 학생이었습니다.

"뭘 찾고 있어? 아, 도서 수집 목록 공책?"

"응, 나도 책을 수집해 보려고."

"자네가 책을 많이 읽는다는 건 알겠는데……."

갑자기 그 친구는 안경을 추어올리며 슬쩍 웃었습니다.

"이렇게 두꺼운 목록을 다 채울 수 있겠어? 일본 책이라면 모를까, 조선 책이라면 어림없을걸."

은근히 조선에는 책도 없을 거라는 투였습니다. 전형필은 갑자기 얼굴이 확 달아올랐습니다. 조선에서 왔다고 얕잡아 보는 게 분명했거든요. 공책을 가득 채워 일본인 학생의 코를 납작하게 해 주겠다고 다짐했습니다.

전형필은 방학을 손꼽아 기다렸습니다. 귀국해서 그리운 가족들과 친구들을 만날 수 있었기 때문이지요. 이때마다 전형필이 꼭 찾아뵙는 사람이 있었습니다. 휘문고보 미술 선생님이었던 고희동입니다. 고희동은 우리나라 최초의 서양화가입니다. 고등학교 시절 역사와 예술에 관심이 많았던 전형필에게도 많은 영향을 끼친 선생님이었지요.

"오랜만이네. 벌써 3학년이라지?"

"네, 별로 하는 일 없이 훌쩍 시간만 흘렀습니다. 일본으로 공부하러 떠날 때는 부푼 꿈을 안고 갔었는데……."

"변호사가 되어 억울한 사람을 변호하는 것도 보람 있는 일이야. 이제 본격적으로 변호사 시험도 준비해야지."

"글쎄요. 법 공부를 하고 있습니다만 과연 일본의 법정에 서는 게 옳은 건지, 썩 내키지 않습니다. 그렇다고 대를 이어 장사를 하는 것도 좀 그렇고……."

"고민할 게 뭐가 있나. 자네가 좋아하는 일을 하면 되지."

와세다대학 재학 시절의 전형필, 1928년.

〈부채를 든 자화상〉, 고희동, 1915년.

"제가 좋아하는 일이요?"

"그래. 자네는 독서도 좋아하고 역사와 문화, 예술에 관심이 많잖나."

"책상 앞에 가만히 앉아 한가하게 공부나 한다는 것도 내키지 않습니다. 우리 민족의 처지를 생각하면 공부할 마음이 나겠습니까?"

"이것저것 모두 안 내킨다면…… 이건 어떤가? 일본 때문에 사라져 가는 우리 문화와 예술을 지켜 내는 일 말일세."

"우리 문화를 지켜 낸다고요?"

"일본인들이 우리 조상들이 쓴 책이며, 도자기나 그림 등 미술품을 닥치는 대로 가져간다네. 우리의 정신이 통째로 빠져나가는 거지. 그걸 일본인들 손에 넘어가지 않게 자네가 사들이면 되지 않나. 마음만 먹는다면 그 정도 능력쯤이야 있으니까."

"제가 뭘 알아야 그런 일도 할 게 아닙니까. 무턱대고 사들이는 것도 그렇고. 그럴 만한 가치가 있는 걸 지켜야 하지 않겠습니까?"

"음, 하긴 그렇지."

잠깐 생각에 빠진 고희동이 무릎을 탁 치며 소리쳤습니다.

"옳지! 그분이면 되겠어."

며칠 후 고희동은 '그분'과 약속을 잡았다며 전형필을 어느 집으로 데려갔습니다. 방 안에는 백발이 성성한 어른이 꼿꼿한 자세로 앉아 있었습니다. 고희동이 전형필에게 눈짓하면서 말했습니다.

"인사드리게. 위창 선생님이시네."

위창 오세창!

이름을 들은 전형필은 깜짝 놀랐습니다. 3·1 운동 때 우리 민족 대표 33명 중 한 사람이었던 오세창. 누구보다 우리의 앞날을 진심으로 걱정하는 이였지요. 게다가 한학을 오래 공부해서 그림과 글씨를 보는 안목까지 탁월했습니다.

전형필은 공손히 절을 올렸으나 앉으라는 소리도 없었습니다. 그냥 쭈뼛하며 서 있자니 고희동이 다시 입을 열었습니다.

"지난번에 말씀드린 전형필이라는 젊은이입니다."

오세창은 한참 동안 전형필을 바라보다가 나지막한 소리로 말했습니다.

"거기 앉게. 와세다대학 법과에 다닌다고?"

위창 오세창

3·1 운동 민족 대표 33인의 한 사람이자 일제 강점기의 독립운동가·서예가·언론인이다. 1946년 8월 15일, 해방 1주년 기념식에서 민족 대표로서 일본에 빼앗겼던 대한 제국 황제의 옥새를 되돌려 받을 정도로 존경받았던 민족의 지도자였다.

《한동아집첩》, 1925년.

《한동아집첩》은 오세창·김돈희·이도영·고희동 등의 서화가, 시인인 이기, 승려인 박한영, 역사학자인 최남선 등 7명이 시를 짓고 감상하는 시회를 갖고 이를 기념해 남긴 시회첩이다. 이들은 주기적으로 시회를 가졌으며, 시서화 작품 등을 시화첩으로 남겼다.

"예."

"그럼 법 공부나 똑바로 해서 변호사가 될 일이지, 무슨 쓸데없는 일을 한다고……."

아마 고희동이 미리 언질을 했나 봅니다. 책이나 미술품을 수집할 거라고. 오세창은 부잣집 새파란 젊은이가 그런 일에 나선다고 하니까 고상한 취미 생활로 여겼던 겁니다.

"문화재에는 여러 가지가 있네. 그림이나 글씨, 옛날 책, 도자기, 불상……. 자네는 무얼 모을 작정인가?"

"책에 관심이 있습니다. 학창 시절부터 모은 책도 제법 됩니다. 책에는 우리 조상들의 생각과 역사가 담겼습니다. 그런데 통째로 불쏘시개가 되거나 싼값에 일본으로 팔려 갑니다. 생각할수록 안타까울 따름입니다."

"자네 같은 젊은이에게는 쓸데없는 물건 아닌가. 그런 걸 왜 모으려 하지?"

지금 오세창은 전형필이 어떤 목적으로 문화재를 모으려는지 알고 싶어 했습니다. 일시적인 충동일 수도 있고, 허세, 취미, 아니면 돈을 벌려는지도 몰랐기 때문입니다. 전형필은 단호하게 대답했습니다.

"우리 민족의 자존심이기 때문입니다."

뜻밖의 말에 오세창은 다시금 전형필을 빤히 쳐다보았습니다.

어쩌면 이 말이 떨어지기를 기다렸는지도 모릅니다.

"그 말 진심인가?"

"네, 진심입니다."

전형필은 작지만 묵직한 소리로 대답했습니다. 위창은 천천히 고개를 두어 번 끄떡였습니다.

"며칠 있다가 다시 날 찾아오게. 보여 줄 게 있으니까."

다시 오라는 오세창의 말을 뒤로하고 전형필은 집을 나왔습니다. 오세창이 보여 주려는 게 무엇인지 궁금했습니다. 도와주겠다는 뜻인지 아닌지도 가늠하기가 어려웠습니다.

며칠 후 전형필은 오세창과 다시 마주 앉았습니다. 오세창 앞에 놓인 조그만 앉은뱅이책상에는 전에 보지 못한 두툼한 책 두 권이 놓여 있었습니다. 선생이 다짜고짜 물었습니다.

"우리 문화의 정수를 잘 보여 주는 문화재가 무엇인가?"

난데없는 질문에 전형필은 꿀 먹은 벙어리가 되었습니다. 오세창이 웃으며 말했습니다.

"서화, 즉 글씨와 그림이라네."

전형필이 의아한 듯 쳐다보자 오세창은 말을 계속 이어 나갔습니다.

"도자기나 불상은 만든 사람이 누구인지 모르지만, 서화는 알 수 있지. 체계적인 연구를 할 수 있다는 뜻이네. 서화 속에는 시대의 역사는 물론 문화와 사상까지 모두 담겨 있지. 서화를 잘 알면 역사와 문화와 예술 전체를 보는 안목이 생긴다는 말일세."

오세창은 책상에 놓인 두 권의 책을 전형필에게 건넸습니다. 한 권에는 《근역서화징》, 또 한 권에는 《근역화휘》라고 쓰여 있었습니다.

"내가 엮은 책이네. 《근역서화징》은 우리나라 역대 화가들에 대해 정리한 것이고, 《근역화휘》는 그들의 작품을 모아 놓은 화첩이지. 누구에게 줄까 고민했는데 적임자가 나타났구먼. 꾸준히 보다 보면 어떤 문화재를 수집해야 할지 감이 올 걸세."

"이 귀한 책을 저에게 주시는 겁니까?"

"그냥 주는 게 아니네. 숙제를 내는 거야. 우리나라에 어떤 화가들이 있었고 무슨 그림을 그렸는지는 알아야 하지 않겠나. 이 책으로 공부하면서 안목을 키워 보게."

전형필은 만난 지 얼마 되지도 않았는데 자신의 소중한 책을 내주는 오세창의 믿음에 목이 메었습니다. 결심한 일을 결코 허투루 해서는 안 된다는 걸 새삼 느꼈습니다.

"우리 문화재를 일본에 빼앗기고 또 헐값에 사고파는 것이 못내 안타까웠네. 나는 나이도 많고 사들일 만한 형편도 안 되어서 그냥 지켜보기만 했지. 그런데 자네가 떡하니 나타나서 하늘의 뜻이라 여겼네."

"고맙습니다, 선생님."

"우리 문화재는 우리 민족의 정신이 담긴 그릇이라네. 자네가 지켜야 해."

새파란 젊은이가 우리 문화재를 지키겠다고 나선 것도 대단하지만, 그런 사람을 한눈에 알아본 오세창도 대단했습니다. 전형필이 본격적인 문화재 수집에 나서자 오세창은 기꺼이 돕고 가르쳐 줍니다. 지금 간송미술관에는 국보와 보물 같은 대단한 문화재가 그득합니다. 오세창은 돈으로 살 수 없는 걸 가르쳐 준 영혼의 스승이었지요.

전형필은 오세창에게 또 하나의 선물을 받습니다. 바로 '간송'이라는 호입니다.

간송(澗松).

'간(澗)'은 산골에 흐르는 물, '송(松)'은 푸른 소나무를 뜻합니다. 오세창은 전형필에게 산골 물처럼 맑고 깨끗하고 소나무처럼 늘 푸르게 살라는 뜻으로 이 호를 지어 주었습니다. 전형필은 이름대로 살아가려고 애썼고, 마침내 이름과 같은 사람이 되었습니다. 간송이라는 두 글자는 전형필이라는 이름보다 더 널리 퍼지고 우리 문화재 지킴이를 상징하는 말처럼 우뚝 서게 되지요.

소리 없는 독립 투쟁

　1929년, 간송의 아버지가 세상을 떠났습니다. 생전에 아버지는 늘 당부했습니다.

　"결코 남의 재산을 욕심내지 말거라. 재산을 함부로 쓰지도 말고 부디 좋은 일에 써라."

　이제 집안에 남자 어른이라고는 간송 혼자였습니다. 양아버지의 재산까지 포함해서 막대한 유산을 물려받게 되었지요. 그러나 전형필은 허튼 생각이 조금도 없었습니다. 자신의 재산을 우리 문화재를 지키는 데 쓰겠노라고 다짐했거든요. 아버지의 장례를 치른 간송은 본격적으로 꿈꾸어 왔던 일을 하고 싶었지요.

　오랜만에 집에 돌아온 전형필은 오세창 선생을 찾았습니다. 선생은 큰일을 겪으면서 혹시 전형필의 결심이 흔들렸는지 넌지시 물어보았습니다.

　"물려받은 땅에서 나는 쌀, 장사해서 팔면 더 큰 돈을 모을 수 있지 않겠나."

　"선생님도 참. 말씀드렸잖습니까. 우리 문화재 지키는 데 쓰겠다고. 많은 재산, 무덤에 가져가 봐야 무슨 소용입니까? 일본에 맞서 우리 문화재를 지켜 내겠습니다."

간송이 이야기를 마치자 오세창은 붓과 벼루를 끌어다가 하얀 종이 위에 천천히 네 글자를 써 내려갔습니다.

"문화보국(文化保國)?"

"그래, 문화로 나라를 지켜 낸다는 뜻이네."

"제가 문화재를 수집하려는 뜻과 한 치의 다름도 없는 말입니다. 평생 이 마음으로 할 일을 해 나가겠습니다."

오세창은 몇 가지 당부를 했습니다.

"첫째, 제값을 주고 구입해야 한다네. 문화재마다 합당한 가격이 있지. 그 가치를 속이고 싼값에 사들이는 건 도둑 심보나 마찬가지일세. 이런 사람은 수집가가 될 자격이 없네. 둘째, 구입한 문화재는 절대로 되팔지 말게. 이익을 남기려 하면 장사꾼이나 진배없지. 문화재 수집을 통해 나라를 지킨다는 큰 뜻을 품은 이상, 어떤 어려움이 닥쳐도 잘 보존해야 하네."

간송은 대답 대신 주먹을 꼭 쥐었습니다.

"어쩌면 하늘은 이 일을 맡기려고 자네를 세상에 내려 주었는지도 모르겠네. 자네에게는 남들에게 없는 재산, 그리고 신념이 있어. 나하고 다니면서 문화재를 보는 안목만 기른다면, 자네의 꿈이 그대로 이루어질 것이라 믿네. 부디 그 뜻을 꺾지 말게."

간송이 본격적으로 문화재 지킴이로 나선 건 스물다섯 살 되던 해인 1930년이었습니다. 이로부터 독립하는 1945년까지, 15년 동안 처절한 문화재 수집에 나서게 됩니다. 그건 소리 없는 독립 투쟁의 시작이었습니다.

처음에는 주로 그림을 수집했습니다. 그림이야말로 예술의 꽃이라 믿고 있었고, 오세창 선생이 쓴 책을 틈틈이 보아 왔기에 괜찮은 작품을 고를 자신도 있었거든요. 간송이 모은 그림은 굉장히 많습니다. 이 중에서도 양과 질적인 면에서 압도적인 화가는 단연 겸재 정선입니다. 현재 간송미술관에 있는 정선의 작품은 200점이 넘습니다. 국내 박물관(미술관)을 통틀어 최대이지요.

정선은 우리나라 미술사에서 차지하는 비중이 큽니다. '진경산수화'를 처음으로 그리기 시작했거든요. 진경산수화는 중국이 아닌 우리 필법에 맞게 우리 땅을 그린 그림입니다.

하지만 간송이 그림을 수집할 당시에는 정선의 작품을 높게 평가하지 않았습니다. 심사정이나 김홍도, 강세황의 작품을 더 쳐주었지요. 모두가 정선에 대해 무관심했을 때, 간송은 진가를 알아보고 작품을 모으기 시작했던 겁니다.

간송이 모은 정선의 작품을 잠깐 들여다볼까요?

《경교명승첩》은 서울 근교의 뛰어난 경치를 그린 화첩(그림을 모아 엮은 책)입니다. 모두 33점의 그림이 들었는데, 서울 남산과 한강 상류의 압구정, 송파 나루, 광나루를 비롯해 하류에 있는 양화진,

행주산성의 모습까지 두루 담겼습니다. 그중 〈목멱조돈〉은 해 뜨는 남산의 모습을 담은 그림입니다. 옛날에는 남산을 '목멱산'이라 했거든요. 이 그림은 정선이 있던 양천에서 남산을 바라다본 모습입니다. 멀리 산들이 배경을 이루고 가운데 우뚝 솟은 남산 중턱에 걸린 붉은 해의 모습이 참 인상적이지요?

《경교명승첩》에는 정선의 자화상으로도 알려진 〈독서여가〉라는 작품도 있습니다. 무더운 여름날, 책을 읽다 지친 선비가 쪽마루에 나와 꽃을 바라보면서 쉬는 장면이지요. 방 안 책장에 걸린 그림과 부채에 그려진 그림을 보면 화가의 냄새가 물씬 풍깁니다. 체구는 작지만 매우 야무진 인상이지요? 평생 붓과 함께 살아온 대화가의 면모가 엿보입니다.

《경교명승첩》은 정선과 절친했던 이병연과의 우정이 담긴 화첩으로도 유명합니다. 정선은 예순다섯 살 되던 때에 양천 현령의 벼슬을 받습니다. 양천은 지금의 서울시 강서구 가양동입니다. 그곳을 다스리는 책임자가 양천 현령이지요. 정선이 양천으로 떠나자 두 사람은 잘 만나지 못했습니다. 그래서 양천에 있는 정선이 그림을 그려 보내면, 한양에 있는 이병연이 시를 지어 화답하는 방법으로 소통했지요. 그래서 《경교명승첩》에는 시와 그림이 함께 있는 작품이 많습니다. 휴대 전화나 전자 우편도 없던 시절, 두 사람은 낭만적인 방법으로 우정과 예술을 나누었습니다.

《경교명승첩》 중 〈목멱조돈〉, 정선, 1740~1741년.

《경교명승첩》 중 〈독서여가〉,
정선, 1740~1741년.

　《해악전신첩》은 '바다와 산의 초상화'라는 뜻입니다. 우리 민족의 명산인 금강산과 주변의 뛰어난 경치를 그린 화첩이지요. 정선은 금강산 그림으로 유명합니다. 그래서 '금강산 화가'라는 별명이 붙었는데, 《해악전신첩》을 통해서 진면목을 알 수 있지요. 이 화첩에는 모두 21점의 산수화가 실렸습니다.

《해악전신첩》은 불쏘시개가 될 뻔했는데 극적으로 구한 화첩입니다. 한 골동품 상인이 지방으로 물건을 사러 다니다가 어느 집에서 하룻밤을 묵게 되었습니다. 대대로 물려받은 문화재가 많은 집이었습니다. 골동품 상인은 주인과 이런저런 이야기를 나누다가 소변을 보려고 잠깐 밖으로 나왔습니다. 그런데 방에 군불을 때려는 머슴이 불쏘시개로 쓰려던 책을 보고는 깜짝 놀랐습니다. 바로 《해악전신첩》이었습니다. 골동품 상인은 《해악전신첩》을 사서 부랴부랴 간송에게로 갔습니다. 간송은 골동품 상인이 산 값의 몇십 배가 넘는 값을 쳐주었지요.

국립중앙박물관에서 소장하고 있는 《신묘년 풍악도첩》의 〈단발령망금강산〉도 단발령이라는 고개에서 바라본 금강산의 모습을 그린 그림입니다. 오른쪽이 단발령, 왼쪽에 구름 너머 멀리 보이는 산이 금강산이지요. 단발령은 길쭉한 점을 수없이 찍어 짙게 표현했고, 금강산은 뾰족뾰족한 바위산의 특징을 나타내기 위하여 수직으로 내리그었습니다. 이렇게 한 화면에 반대되는 기법을 함께 그리는 게 정선의 특징이지요.

정선은 자신이 살던 인왕산 부근의 경치도 자주 그렸습니다. 〈청풍계〉도 그런 그림입니다. 청풍계는 '맑은 바람이 부는 골짜기'라는 뜻인데, 정선의 스승이 살던 집을 말합니다. 이 그림에는 정선

《신묘년 풍악도첩》 중 〈단발령망금강산〉, 정선, 1711년.

특유의 필법이 보입니다. 위쪽과 가운데 바위는 붓에 먹물을 잔뜩 찍어 빗자루 쓸 듯이 그어 내렸거든요. 집을 둘러싼 나무들 역시 각각의 특징을 살려 능수능란하게 그렸습니다.

훗날 간송미술관의 최완수 선생은 간송이 모은 정선의 작품들을 깊이 연구해 한국 미술사에 큰 성과를 남깁니다. 간송이 애써 정선의 작품들을 수집했기에 가능한 일이었지요. 간송의 수집품은 한국 미술의 살아 있는 역사가 되었습니다.

〈청풍계〉, 정선, 1739년.

사람과의 만남, 그림과의 인연

　1932년, 간송은 좀 더 체계적으로 문화재를 수집하기 위해 한남서림을 사들였습니다.
　한남서림은 옛날 책을 주로 팔던 서점이었지요. 주인이 집안 대대로 내려오는 1만여 권의 책을 가지고 서점을 시작했거든요. 옛날 책에 관심 있는 사람들이 찾아오다 보니 자연스레 골동품을 사고파는 일도 겸했지요. 간송은 한남서림을 통해 문화재를 수집하면 좋겠다고 생각했습니다. 마침 서점 주인 역시 사정이 생겨 팔려던 참이었지요.
　"축하하네, 간송! 날개를 달았구먼."
　"네, 선생님. 서점을 발판 삼아 더 적극적으로 나서야겠습니다."
　한남서림 인수에는 두 가지 의미가 있었습니다. 첫째는 본격적으로 문화재를 수집할 발판을 마련했다는 점이고, 둘째는 한남서림에 있던 많은 물건을 고스란히 넘겨받아 수집품 목록에 올리게 된 것입니다.
　그런데 한남서림을 인수해 놓고 나서 문제가 생겼습니다. 간송은 집안의 땅을 관리하면서 소작인들이나 쌀 상인들과 상대하기

보화각을 지으면서 찍은 기념사진, 1938년.
왼쪽부터 이상범, 박종화, 고희동, 안종원, 오세창, 전형필, 박종목, 노수현, 그리고 가장 오른쪽에 있는 분이 이순황 선생이다.

에도 바빴기에, 급한 대로 먼저 친척 조카에게 서점 운영을 맡겨 두었거든요. 하지만 조카는 물건을 볼 줄 아는 안목이 없었습니다. 그러니 손님들이 팔려고 가져오는 물건들을 사야 할지 말아야 할지 혼자 결정하지 못했지요. 일일이 간송에게 물어봐야 하는 형편이라 서점 운영이 원활할 리 없었습니다. 간송은 오세창에게 고민을 털어놓았습니다.

얼마 뒤 오세창은 한 사람을 데리고 왔습니다. 안경을 끼고 순박하게 생긴 인상이었습니다.

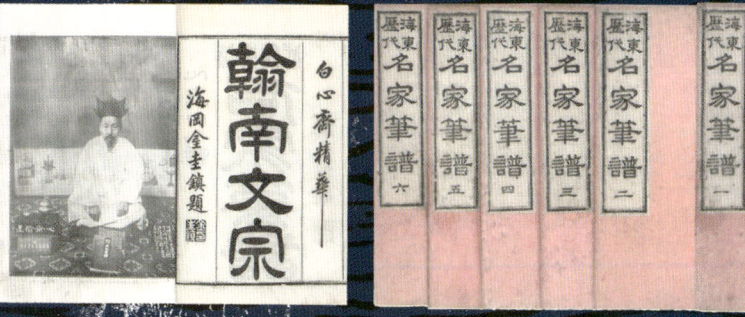

《해동역대명가필보》(위)와 그 책에 실린
한남서림의 모습(왼쪽), 1926년.

"이순황이라고 합니다. 선생님께 말씀 많이 들었습니다. 잘 부탁드립니다."

"반갑습니다. 제가 잘 부탁드려야지요."

과연 이순황은 달랐습니다. 들고 나는 사람들을 잘 대했고 일 처리도 매끄러웠습니다. 약속 날짜도 정확하게 지켰고 셈이 빨라 실수도 없었습니다. 정직한 성격이라 물건을 거래하면서 몰래 이득을 챙기는 일도 하지 않았습니다. 무엇보다 물건을 보는 눈이 있어 웬만한 일은 알아서 처리했지요. 틀림없는 사람이라는 걸 안 간송은 서점에 관한 모든 일을 이순황에게 맡겼습니다. 두 사람이 의기투합하자 일은 일사천리로 진행되었습니다. 《경교명승첩》이나 《해악전신첩》도 이순황의 안목과 발 빠른 행동으로 얻은 수집품이었지요.

한남서림에서는 비싼 값에 문화재를 사들였기에 사람들이 많이 몰려들었습니다. 팔려는 사람이 액수를 적게 부르면 오히려 돈을 더 주어 합당한 가격을 치르기도 했지요. 심지어 가짜를 가져와도 사 주는 경우가 있었습니다. 좋은 물건이 생기면 가장 먼저 가져오도록 하기 위해서였지요. 그래서 어떤 이는 '바보 간송'이라고 놀리기도 했습니다. 그러나 아는 사람은 압니다. 진짜 바보라는 뜻이 아니라 우직함을 칭찬하는 훈장과도 같은 별명이라는 걸.

이순황의 발 빠른 행동과 오세창의 높은 안목, 그리고 간송의 불타는 열정이 힘을 발휘해 한남서림이 수집한 그림은 점점 늘어 갔습니다. 유명한 정선, 김홍도, 신윤복의 작품은 물론이고 김명국, 최북, 이정, 강세황, 조영석, 심사정, 이인문, 변상벽, 김득신, 장승업 등 이름깨나 있는 조선 시대 화가들의 작품을 골고루 갖추게 되었지요.

간송이 모은 그림 몇 점을 감상해 볼까요?

단원 김홍도는 이름난 화가입니다. 아마 여러분은 김홍도를 풍속화가로 기억할 겁니다. 유명한 풍속화인 〈서당〉이나 〈씨름〉을 교과서에서 자주 보았기 때문이지요. 하지만 김홍도는 풍속화 말고도 산수화, 동물화, 부처와 신선 그림, 꽃 그림, 초상화 등 못 그리는 그림이 없는 만능 화가였습니다. 어쩌면 우리 5000년 역사상 가장 솜씨 좋은 화가일지도 모릅니다. 그러한 까닭에 김홍도의 작품이라면 어느 수집가나 탐내었지요. 간송이 모은 김홍도의 작품 중 두 점만 감상해 볼게요.

〈마상청앵도〉, '말 위에서 꾀꼬리 노랫소리를 듣는 그림'입니다.

보슬비 내리는 날, 말 타고 길 가던 선비가 잠깐 멈추어 섰습니다. 선비의 눈은 버드나무에 앉은 꾀꼬리 한 쌍을 향했지요. 세상에서 가장 아름답다는 꾀꼬리 노랫소리를 듣는 중입니다. 흩뿌리는 비에도 아랑곳하지 않고 자연의 미세한 소리에 귀 기울일 줄 아는 조선 선비의 여유가 엿보이는군요. 그냥 붓을 툭툭 던지듯 그렸

〈마상청앵도〉, 김홍도, 18세기 후기.

는데, 인물의 표정과 동작 하나하나에 능수능란한 솜씨가 그대로 담겼습니다.

〈황묘농접〉은 '누렁 고양이가 나비를 놀리다'라는 뜻입니다.

나비와 그걸 바라보는 통통한 노란 고양이 한 마리, 붉은 패랭이꽃과 제비꽃, 그리고 이끼 낀 바위를 그렸습니다. 여기에는 모두 깊은 의미가 들었지요. 고양이는 일흔 살 어르신, 나비는 여든 살 어르신을 뜻합니다. 패랭이꽃은 젊음, 바위는 장수를 뜻하고요. 제비꽃은 모든 일이 뜻대로 이루어지라는 의미이지요. 이걸 이어 붙이면 일흔 살 된 어르신이 여든 살을 바라보도록 건강하게 오래 사시라는 뜻이 됩니다. 어느 어르신의 칠순 잔치 선물이 아닌가 여겨집니다. 보면 볼수록 곱고 사랑스러운 그림입니다.

현재(玄齋) 심사정은 살아 있을 당시 겸재 정선만큼 유명한 화가였습니다. 두 사람 호에 모두 '재' 자가 들어갔기에 '양재'라고도 불릴 정도였지요. 지금은 정선의 진경산수화에 가려 심사정을 아는 사람이 별로 없습니다. 그렇지만 그의 산수화 솜씨는 대단했지요. 대표작인 〈촉잔도권〉을 보면 대번 알 수 있습니다.

〈촉잔도권〉은 옛날 중국에 있던 촉나라로 가는 길을 그린 그림입니다. 촉나라로 갈 때는 험한 산과 깊은 계곡을 지나야 했는데, 바위를 쪼고 나무를 걸쳐 길을 냈지요. 이를 '잔도'라고 합니다. 너무 험해서 나무를 잘 타는 원숭이도 떨어진다는 길이지요.

심사정은 구불구불 끊어질 듯 이어지는 험한 길을 8미터나 되는 긴 종이 위에 그려 냈습니다. 우뚝 솟은 바위산, 세차게 쏟아져 내리는 폭포, 울창한 나무, 그리고 마을을 이루고 살아가는 사람들까지, 파노라마처럼 펼쳐지는 대장관을 모두 담았습니다. 큰 크기만큼 솜씨에 있어서도 매우 뛰어난 작품으로 꼽히지요. 하지만 〈촉잔도권〉은 훼손이 너무 심했습니다. 이순황이 망설이다가 간송에게 물어 왔지요.

"작품이야 괜찮지만 너무 망가져서……."

"심사정의 작품 아닙니까? 길이가 8미터나 된다니 흔치 않은 대작이네요."

"훼손도 심하지만 주인이 너무 비싼 값을 부릅니다. 살 뜻이 없으면 일본 사람한테 넘기겠다고 하더군요. 조선 사람 입에서 어떻게 그런 말이 나오는지."

"사람은 생각 말고 작품만 보고 사지요. 여태껏 해 온 것처럼요."

이순황은 그림을 사 봐야 수리하는 값이 더 나갈 거라고 했습니다. 그렇지만 간송은 과감하게 구입을 결정했습니다. 저렇게 큰 그림을 본 적이 없었거든요. 더구나 솜씨 또한 훌륭한 작품입니다. 잘못하면 일본인 손에 넘어갈지도 모른다는 걱정이 앞섰지요. 가치가 있으면 뒷일을 따지지 않고 밀어붙이는 간송의 뚝심이 빛나는 순간이었습니다.

〈황묘농접〉, 김홍도, 제작 연도 미상.

〈촉잔도권〉 부분, 심사정, 1768년.

간송은 그림을 사자마자 바로 일본으로 보냈습니다. 그곳에 그림 수리를 잘하는 표구 상점이 있었거든요. 결국 수리비가 작품값보다 더 많이 들었습니다. 하지만 간송은 개의치 않았습니다. 말끔히 수리를 해 놓고 보니 충분한 가치가 있었거든요. 이렇게 해서 〈촉잔도권〉은 우리 곁에 남게 되었습니다.

또 하나 유명한 간송의 수집품이 있습니다. 바로 혜원 신윤복의 그림입니다.

신윤복의 그림은 다른 화가들과 전혀 달랐습니다. 양반들의 놀이, 남녀의 사랑, 기생들의 생활 모습 등 고상함과는 거리가 먼 그림이었지요. 그래서 수집가들 사이에서도 평가가 좋지는 않았습니다. 하지만 간송은 달랐습니다. 나중에 세월이 흐르면 더욱더 빛날 그림으로 여겼습니다. 예상대로 지금은 어느 화가의 작품보다 더 사랑받는 작품이 되었지요.

신윤복이 남긴 그림은 얼마 되지 않습니다. 다 합쳐 봐야 50여 점인데, 대부분 간송미술관에 있지요. 신윤복의 작품 중에서도 〈미인도〉와 《혜원전신첩》이 유명합니다.

〈미인도〉는 조선의 여인을 그렸습니다. 트레머리에 몸에 꽉 끼는 짧은 저고리와 통 넓은 옥색 치마를 입은 여인이 다소곳이 서 있네요. 여인은 두 손으로 노리개를 만지작거리며 앞을 바라봅니다. 누굴 쳐다보는 건지, 깊은 생각에 잠긴 건지, 그윽한 눈동자는 마치 꿈을 꾸는 듯한 표정이군요. 그림 속에는 "가슴속에 익은 봄볕 같은 정, 붓끝으로 어찌 마음까지 그려 냈을까."라는 글이 적혀 있습니다. 신윤복이 여인의 겉모습은 물론 마음까지 그려 냈다고 스스로 뿌듯해하는 내용이지요.

〈월하정인〉과 〈단오풍정〉도 잘 알려진 그림입니다. 두 작품에는 주제나 색깔, 내용 면에서 신윤복의 특징이 그대로 살아 있지요.

〈월하정인〉은 늦은 밤에 몰래 만나는 남녀의 모습을 담았습니다. 어두운 골목길에서 행여 누가 볼세라 조심스러워하는군요. 그런 모습에서 더욱 애틋한 감정이 배어납니다. 남녀 간의 사랑을 주제로 그림을 그린 화가는 신윤복이 유일하지요. 그러하기에 더욱 귀하고 돋보이는 매력을 지녔습니다.

〈단오풍정〉은 화려하면서도 파격적인 내용입니다. 단옷날, 계곡을 찾아 머리를 감고 그네를 뛰는 여인들의 모습이지요. 그네 뛰는 여인의 노란색 저고리와 붉은색 치마가 눈에 확 들어옵니다. 신윤복은 화려한 색깔을 과감하게 썼습니다. 깜짝 놀랄 일은 머리 감는 여인들 모습입니다. 저고리를 훌러덩 벗고 있거든요. 점잖은 조선 시대에 어떻게 저런 파격적인 그림을 그릴 생각을 했는지. 그래서 신윤복이 도화서에서 쫓겨났다는 소문이 도는 모양입니다.

이 두 그림이 든 화첩이 《혜원전신첩》입니다. 이 화첩에는 모두 30점의 풍속화가 들었지요. 양반들의 호탕한 놀이 문화, 기방 풍속

〈미인도〉, 신윤복, 18세기 말기~19세기 중기.

국보 제135호, 《혜원전신첩》 중 〈월하정인〉, 신윤복, 18세기 후기.

《혜원전신첩》 중 〈단오풍정〉, 신윤복, 18세기 후기.

과 기생의 모습, 남녀의 애정 표현까지 매우 다양합니다. 다른 화가들이 손대지 않은 주제가 많아 더욱 가치가 크지요.

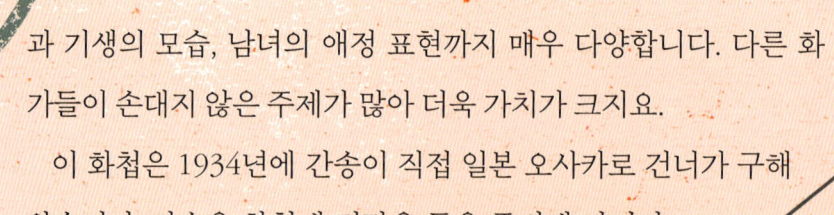

　이 화첩은 1934년에 간송이 직접 일본 오사카로 건너가 구해 왔습니다. 간송은 화첩에 걸맞은 돈을 준비해 갔지만 주인이었던 야마나카는 턱없이 높은 값을 불렀습니다. 간송은 인연이 아닌가 싶어 포기하려 해도 도저히 발걸음이 떨어

지지 않았습니다. 오랫동안 움직일 기세를 보이지 않자 결국 야마나카의 마음이 움직였습니다. 가져간 돈을 전부 주고 그림을 건네받았지요. 《혜원전신첩》은 국보 제135호로 지정된 명품입니다.

간송이 《혜원전신첩》을 구해 오는 데 도움을 준 사람이 있습니다. 바로 일본인 골동품 상인 신보기조였습니다. 이순황이 국내 사정과 그림에 밝았다면 신보기조는 일본 사정과 도자기에 훤했습니다. 사실 도자기에 대한 일본인의 관심은 상상을 초월합니다. 임진왜란 때도 도자기 만드는 도공들을 누구보다 먼저 포로로 잡았거든요. 일본인들은 우리 도자기의 아름다움에 반해 수집하려 애썼지요. 아무렇게나 막 만든 것처럼 보이는 조선의 막사발 이도다완도 현재 일본의 중요 문화재로 지정되어 있을 정도입니다. 그래서 일본인들과 경쟁하려면 이러한 일본 사정에 밝은 사람이 꼭 필요했던 겁니다.

"간송, 앞으로 일본인들과 수집을 다투어야 할 경우가 많을 겁니다. 그런데 제가 그쪽 사정에 어둡습니다. 일본 사람을 알아 두면 좋을 것 같습니다."

"일본 사람? 아니, 일본 사람이 무엇하러 조선 사람인 우리를 도와주겠소?"

"양심적인 사람도 있기 마련입니다. 사람을 좋아하고 골동품을 사랑하는 그런 사람."

"그런 사람이 정말 있단 말입니까?"

"서울에서 골동품 상점을 하는 신보기조라는 이가 있습니다."

"신보기조?"

"조선말도 잘하고 장사 수완도 좋습니다. 앞으로 물건을 수집할 때 많은 도움을 줄 겁니다."

간송은 이순황의 소개로 신보를 만났습니다. 간송과 신보는 밤새도록 골동품에 관한 이야기를 나누었지요. 두 사람은 마음이 통했습니다.

"조선의 문화재는 조선에 있어야 한다고 생각합니다. 일본인들이 조선의 문화재를 함부로 가져가면 안 되는 거지요. 일본인이지만 선생이 하는 일에 힘을 보태고 싶습니다."

신보는 일본인으로는 드물게 조선의 문화재를 되찾는 일에 동참합니다. 《혜원전신첩》과 〈청자상감운학문매병〉의 수집도 신보의 도움이 컸지요. 신보는 간송과 다른 사람의 거래를 성사시키면서 거간비를 받지 않기도 합니다.

살아간다는 건 사람들과의 만남의 연속입니다. 간송은 이순황이나 신보기조와의 만남을 통해 좋은 문화재들과 운명적인 인연을 맺게 되지요. 두 사람은 간송의 손과 발이 되어 주었습니다.

빼앗으려는 자, 그리고 지키려는 자

1909년 가을.

경주 토함산을 올라가는 한 무리의 낯선 사람들이 보였습니다. 인적이 드문 산길인지라 이들을 눈여겨보는 사람은 아무도 없었습니다. 일행의 우두머리가 재촉하듯 물었습니다.

"아직 멀었나?"

"통감님, 거의 다 왔습니다. 저기 모퉁이만 돌면 됩니다."

"이렇게 깊은 산속에 돌로 만든 절이 있다니, 신기하구나."

"예, 이곳 사람들은 석굴암이라 부릅니다. 오랜 세월 방치되어 여기저기 무너진 곳이 많으나 볼거리가 굉장합니다."

"앞장서라. 빨리 보고 싶다."

토함산을 오르는 사람들은 통감부 2대 통감 소네 아라스케 일행이었습니다. 일본은 1906년부터 1910년까지 우리나라를 다스리는 통감부를 설치했습니다. 통감부의 최고 책임자가 통감이었지요. 소네 아라스케는 조선으로 부임하자마자 일부러 경주를 들렀습니다. 2년 전인 1907년 경주 토함산에서 석굴암이 발견되었기 때문입니다. 이곳을 지나던 한 우체부가 발견했는데 천장도 내려

1909년 무렵의 석굴암
윗부분에 난 광창으로 햇빛이 들어와 굴 안을 두루 비추었다.

앉았고 여기저기 무너진 곳이 많았습니다. 그렇지만 가운데 앉은 커다란 불상과 이를 보호하려는 듯 벽에 새겨진 보살들의 모습은 경이로웠습니다. 오래전에 만들어진 것이라 여기지 못할 만큼 조각 하나하나가 생생했거든요.

"이게 조선인들이 세운 절이란 말이지?"

"예, 천 년 전인 신라 시대에 만들었다고 합니다."

"그 옛날에 어떻게 이런 큰 돌을 쌓아 석굴을 만들었지? 돌을 떡 주무르듯 다룬 솜씨가 놀랍군."

소네는 석굴암 안으로 들어갔습니다. 연거푸 감탄하며 석굴 안을 둘러보던 소네는 십일면관음보살 앞에서 발걸음을 멈추었습니다. 그 앞에 서 있는 아름다운 오층 대리석 탑을 발견했던 것입니다.

"오! 작지만 정말 아름다운 탑이로군."

소네가 오층 석탑을 어루만지며 발걸음을 떼지 못하자 수행하던 사람이 일행에게 눈짓했습니다. 소네가 다녀간 뒤 석굴암에 있던 오층 대리석 탑이 감쪽같이 사라졌습니다. 석탑을 올려놓았던 밑돌만 남아 있을 뿐입니다. 소네가 일본 왕실에 선물한 것으로 짐작됩니다. 절에는 반드시 탑이 있기 마련인데 불상만 있고 탑이 없는 이상한 형태가 되고 말았지요. 없어진 건 오층 석탑만이 아닙니다. 감실 안에 있던 작은 석상 두 점도 없어졌지요.

경주를 여행하면 석굴암과 더불어 꼭 들르는 곳이 있습니다. 바로 불국사입니다. 불국사 앞마당에는 유명한 두 탑이 서 있습니다. 다보탑과 석가탑이지요. 다보탑 중간 부분을 잘 보면 돌로 만든 사자상이 하나 있습니다. 본래는 사방을 둘러 가며 네 개가 있어야 하는데 나머지 세 개가 사라진 것이지요. 역시 일본인들 짓입니다.

우리 문화재 약탈은 소네 통감처럼 조선에 파견된 최고 책임자들이 앞장섰습니다. 초대 통감 이토 히로부미도 예외가 아니었지요. 이토는 무덤 속에서 도굴한 고려청자 수천 점을 모아 일본으로

국보 제20호, 일제 강점기 때의 다보탑

1925년, 일본인들은 다보탑을 보수한다며 해체했는데 관련 기록이 남아 있지 않아 이 상태가 본래 상태 그대로인지 알기 어렵다. 탑 안에 있던 사리와 사리 장치, 유물도 모두 사라져서 아직도 그 행방을 알 수 없다.

국보 제21호, 일제 강점기 때의 석가탑

가져갔습니다. 일본 왕실이나 귀족들에게 선물한다는 명분이었지요. 한 조사에 따르면 당시 일본으로 건너간 고려청자의 수가 2만~3만 점은 될 것이라고 합니다. 현재 우리나라에 있는 고려청자의 수가 약 2만 점이니, 그보다 훨씬 많은 청자가 일본으로 건너간 겁니다.

빼앗겼다가 되찾은 문화재도 있습니다. 지금 국립중앙박물관에 가 보면 건물 안에 커다란 탑이 서 있습니다. 국보 제86호인 개성 경천사지 십층 석탑입니다. 13미터가 넘는 높은 탑이지요. 절집 마당에 있어야 할 탑이 왜 답답하게 실내에 들어와 있는 걸까요?

이 탑은 이름에서 보듯 지금의 북한 땅인 개성 부근의 경천사라는 절에 있었습니다. 고려 시대에 왕실과 원나라의 안녕을 기원하면서 원나라 기술자들이 세운 탑이지요. 보통 우리나라 탑은 화강암으로 만들었는데 이 탑은 대리석입니다. 모양도 전혀 달라요. 우리나라 탑은 3층, 5층, 7층 등 홀수로 되어 있지만 이 탑은 짝수인 10층으로 이루어져 있거든요. 탑 표면에는 온갖 화려한 조각들이 새겨져 있습니다. 보는 사람들로 하여금 감탄을 불러일으키지요.

이 탑은 500년 이상 경천사를 지키며 아무 탈 없이 서 있다가, 대한 제국 말기부터 수난을 겪습니다. 1907년, 순종 황제의 결혼식에 참석했던 일본 궁내 대신(장관) 다나카 미쓰아키가 탑을 일본으로 가져가려고 했거든요. 수십 명이나 되는 일본 헌병을 앞세우고 경천사에 들이닥친 다나카는 다짜고짜 탑을 해체하기 시작했습니다. 소문을 듣고 고을 주민들과 군수가 달려와 막았습니다. 그러자 다나카는 말도 안 되는 거짓말을 했습니다.

"고종께서 나에게 기념품으로 선물했다. 저리 비켜라!"

고을 주민들은 탑 앞에 드러눕기도 했지만 총칼을 들이대는 헌병들 앞에서는 속수무책이었습니다. 마침내 다나카는 해체한 탑을 수십 대의 달구지에 싣고서 일본으로 빼돌렸습니다. 대놓고 저지른 약탈이었습니다.

이 소식은 순식간에 널리 퍼졌습니다. 당시 조선에 살던 영국인 기자 어니스트 베델은 〈대한매일신보〉에 기사를 실었습니다. 양심 있는 일본의 몇몇 신문들도 다나카를 비난했습니다. 다나카는 몇 년을 더 버텼으나, 결국 1918년에 탑을 돌려주었습니다.

경천사에서 밀려난 탑은 여러 곳을 전전하다가 2005년에 지금의 용산 국립중앙박물관에 둥지를 틀게 되었습니다. 여기저기 남은 상처가 약탈의 흔적을 고스란히 보여 주고 있습니다.

보물 제61호인 불국사 사리탑도 일본으로 건너가 어느 식당 정원에 세워져 있다가 우여곡절 끝에 우리나라로 되돌아왔지요. 운 좋게 두 탑은 되찾았지만 일본으로 건너간 후 되돌아오지 못한 문화재가 훨씬 많았습니다.

간송도 이런 상황을 잘 알고 있었습니다. 또 어디서 같은 일이 벌

어질까 싶어 항상 주시하고 있었지요. 보물 제579호인 '괴산 외사리 석조 부도'는 일본으로 건너가기 직전 간송이 가까스로 구해 온 문화재입니다.

1935년, 이순황이 간송을 급히 찾았습니다. 좀처럼 서두르는 법이 없었던 이순황은 숨을 헐떡이느라 말을 잇지 못했습니다.

"큰일 났습니다. 충청도 괴산에 있던 부도 하나가 지금 일본으로 팔려 가고 있답니다."

"어디요? 어디란 말입니까?"

"지금 인천항에 있다는 전갈입니다."

"빨리 갑시다."

고려청자를 도굴해 왔던 일본은 더 이상 훔쳐 낼 무덤이 없게 되자 전국에 흩어져 있던 절에 눈독을 들였습니다. 절에는 불상, 석탑, 석등, 부도 등 오래된 문화재가 많았거든요. 부도는 스님들의 무덤입니다. 스님들이 죽으면 부도를 세워 사리를 놓아두는 거지요. 얼핏 보면 탑과 비슷하게 생겼는데, 모양도 멋있고 표면에 여러 가지 아름다운 문양이 새겨져 있기도 합니다.

간송이 이순황과 함께 인천항으로 달려갔을 때는 막 배에 싣기 직전이었습니다. 하지만 이미 임자가 있어 마음대로 하기 어려웠습니다. 간송은 주인을 찾아서 흥정을 했습니다. 간송의 애타는 마음을 안 주인은 비싼 값을 불렀습니다. 결국 간송은 급히 마련한 돈으로 부도를 사들였지요. 위기일발의 상황에서 구해 온 괴산 외사리 석조 부도는 현재 간송미술관 정원에 오도카니 서 있습니다. 석탑이나 부도는 본래 있던 곳에 있어야 가장 모습이 아름다운데, 고향을 떠나 낯선 곳에서 처량하게 서 있습니다.

간송은 경상도 문경의 한 절터에 있다가 일본으로 팔려 갈 뻔했던 '전문경 오층 석탑'을 구해 오기도 했습니다. 이 탑은 현재 보물 제580호로 지정되어 있지요. 일본으로 건너갔던 탑을 되사 온 일도 있습니다. 넉넉한 돈을 준비해 갔는데 뜻밖에 일본인과 경쟁이 붙는 바람에 훨씬 비싼 값에 구입했지요. 이 고려 시대 삼층 석탑은 서울시 유형 문화재 제28호로 지정되었고 역시 간송미술관 정원에 자리 잡고 있습니다.

어렵사리 되돌아온 것들도 있지만 훨씬 많은 문화재들이 지금 어디에 있는지조차 모르는 형편이기도 합니다. 현재 외국에 흩어져 있는 우리 문화재는 약 16만 7000점이라고 합니다. 이 중 일본에만 7만여 점이 있다지요. 생각보다 훨씬 많은 문화재가 아직 돌아오지 못하고 있습니다. 지금도 꾸준히 되돌려 받기 운동을 벌이지만 성과가 미미합니다. 그래도 간송과 같은 이들의 활약이 있었기에 그나마 다행이라고 할 수 있지요. 간송의 처절하고도 외로운 우리 문화재 지키기는 일본에서 독립하는 1945년까지 계속 이어집니다.

귀한 땅 팔아 쓸데없는 짓 한다

　고려청자는 고려 시대에 만들어진 푸른빛 도는 자기를 말합니다. 이 푸른빛을 비색 또는 비취색이라고 하는데 보면 볼수록 그윽하면서도 신비한 빛을 띠지요.
　〈청자상감운학문매병〉은 가장 유명한 고려청자 중 하나입니다. 이름만 들으면 고개를 갸우뚱할지도 모르지만 사진을 보면 대번에 "아, 그거!" 하고 고개를 끄덕일 겁니다. 교과서에도 늘 빠지지 않고 소개되는 우리나라 대표 고려청자이거든요.
　청자상감운학문매병.
　이 이름에는 청자에 관한 모든 정보가 들었습니다. 이름이 곧 자기소개서라고 볼 수 있지요.
　'청자'는 고려 시대에 만들어진 푸른빛 도는 자기라고 말했지요. '상감'은 도자기 표면에 여러 가지 무늬를 파서 다른 색 흙을 채워 넣는 기법을 말합니다. 이 청자에서는 원과 학, 구름무늬가 모두 상감 기법으로 처리되었지요. 고려 도공들이 개발했는데, 다른 나라에는 없는 독창적인 기법으로 고려청자의 특징이 되었습니다. '운학문'은 구름과 학 무늬를 말합니다. 이 청자에는 흰색과 검은색

두 겹으로 된 46개의 원이 그려졌습니다. 원 안에는 하늘을 향해 날아오르는 학이, 원 밖에는 땅으로 향하는 학이 모두 상감 기법으로 표현되어 있지요. '매병'은 청자의 모양을 말합니다. 입구는 좁고 짧으며, 어깨선은 둥글고 넓으면서 아래로 내려올수록 서서히 좁아지는 잘록한 허리선이 특징이지요. 매화 나뭇가지 하나를 꽂기에 알맞도록 만들어졌다고 해서 매병이라고 부릅니다.

이 청자의 크기는 42센티미터인데, 빛깔이 고울 뿐 아니라 모양과 무늬도 무척 아름다워 그 어느 청자보다 돋보입니다. 빛깔, 무늬, 모양의 삼박자가 고루 갖추어진 완벽한 청자이지요. 〈청자상감운학문매병〉이라는 정식 이름 말고 〈천학매병〉이라는 별명으로 더 잘 알려져 있습니다. 청자에 모두 69마리의 학이 새겨졌는데, 병을 돌리면서 보면 마치 1000마리의 학이 구름 사이로 날아오르는 듯 보여 붙은 별명이지요.

〈천학매병〉이 어디서 났는지는 확실하지 않습니다. 고려의 도읍이었던 개성이나 강화도의 어느 무덤 속에서 나왔을 걸로 짐작할 뿐입니다. 무덤을 만들 때는 여러 가지 물건도 함께 넣었는데 청자도 그중 하나였습니다. 이게 돈이 된다고 하자 도굴꾼들이 앞다투어 무덤을 파헤치고 끄집어냈지요. 이때 얼마나 많은 무덤들이 파헤쳐졌는지, 거기서 나온 수많은 문화재가 지금 어디에 있는지 정확하게 파악조차 되지 않습니다. 〈천학매병〉을 보면 우리 문화재

국보 제68호,
〈청자상감운학문매병〉, 고려 시대.

가 어떤 과정을 통해 수집가의 손에 들어오게 되는지 알 수 있습니다. 도굴꾼은 골동품 거간꾼(물건을 사고파는 사람 사이에서 흥정을 붙이는 일을 직업으로 하는 사람)인 일본인 스즈끼에게 1000원에 팔았고, 스즈끼는 다른 거간꾼에게 1500원에 넘겼으며, 이 거간꾼은 다시 대구에 사는 한국인 의사 신창재에게 4000원에 팔았습니다. 신창재는 유명한 골동품 상인 마에다에게 6000원에 팔았습니다. 좋은 물건일수록 사람을 거쳐 갈 때마다 값이 널뛰듯 뜁니다. 이 물건이 대단한 명품임을 직감한 마에다는 큰돈을 벌려는 생각을 했습니다. 〈천학매병〉이라는 이름을 붙인 사람도 바로 마에다였지요.

1935년, 마에다는 〈천학매병〉의 사진을 찍어 전국의 골동품 상인들에게 보냈습니다. 신보기조가 전형필에게 사진을 보여 주며 한마디 거들었습니다.

"명품 중에 명품입니다."

사진을 뚫어져라 바라보던 전형필이 물었습니다.

"직접 보았습니까?"

"마에다가 서울의 웬만한 골동품 상인들은 모두 불러 한 번씩 선보였지요. 빛깔도 그윽하고 무엇보다 병에 새겨진 천 마리의 학이 장관이었습니다."

"신보 씨가 그렇게 보았다니 저도 탐나는데요. 사진으로만 보아도 예사 물건이 아닌 것 같습니다."

"워낙 좋은 물건이라 비싸게 불러도 금방 임자가 나서리라 봅니다. 살 생각이 있다면 서둘러야 합니다. 간송 아니면 조선에서는 살 사람이 없을 테니 아무래도 일본으로 넘어가지 않을까요?"

"얼마를 달라던가요?"

"조선 총독부에서 만 원을 준대도 안 팔고 배짱을 튕기는 모양입니다. 한몫 단단히 잡으려는 속셈입니다. 이만 원은 생각해야 할 텐데요."

사실 아무리 좋은 청자라도 1만 원을 넘기는 힘듭니다. 2만 원이라면 마에다가 좀 욕심을 부리는 것 같았습니다.

"쇠뿔도 단김에 빼라고 했는데, 당장 내일이라도 만나 봅시다."

전형필은 마에다가 내온 〈천학매병〉을 찬찬히 바라보았습니다. 옆에 있던 신보도 얼굴을 가까이 들이대고 요리조리 살폈습니다.

사진으로 보는 것 이상이었습니다. 1000년 동안 땅속에 파묻혔다가 세상에 나왔는데도 고운 비색을 그대로 간직하고 있었습니다. 표면에 새겨진 문양은 정말 구름을 뚫고 학이 날아오르듯 선명했습니다. 당당한 어깨선에 아래로 내려올수록 가늘어지는 잘록한 허리선은 그야말로 일품입니다. 도굴꾼이 쇠꼬챙이로 찌를 때 생긴 생채기가 약간 있었지만 그리 문제 될 건 아니었습니다. 이제껏 보지 못했을 뿐 아니라 앞으로도 만나기 힘들 명품임이 틀림없었지요.

'절대 일본인의 손에 넘어가면 안 된다.'

전형필은 마음속으로 결심을 했습니다. 신보도 고개를 끄덕이며 흥정을 시작했습니다.

"마에다 씨, 얼마를 드리면 됩니까?"

"이만 원이오."

마에다는 전형필이 청자 값을 깎을까 봐 미리 선수를 쳤습니다.

"너무 비싸지 않나요? 청자 하나에 이만 원이라니. 조선 총독부에서 만 원을 불렀다고 들었는데, 거기에 오천 원을 더 얹어 주겠소. 만 오천 원이면 어떻겠소?"

마에다는 고개를 절레절레 흔들었습니다.

"그렇지만 마에다 씨, 이제껏 만 원 이상에 팔린 청자는 없잖소."

신보는 1만 5000원도 후한 값이라는 투로 말하며 전형필을 쳐다보았습니다. 그때 가타부타 말이 없던 전형필이 말문을 열었습니다.

"그렇게 하시지요. 그 가격에 사겠습니다."

신보도 놀랐지만 더 놀란 건 마에다였습니다. 2만 원을 부르긴 했지만 어느 정도는 깎아 줄 요량이었는데 전형필이 통 크게 부른 대로 다 준다고 했던 겁니다. 더욱이 서른 살밖에 되지 않은 젊은 사람, 그것도 일개 조선인이 깎자는 소리 한 번 안 했기에 더욱 놀랐습니다.

〈천학매병〉을 얻은 전형필은 날마다 꺼내 닦으면서 보고 또 보았습니다. 물건을 판 마에다는 나중에 다시 찾아와 산 값의 두 배를 줄 테니 되팔라고 했습니다. 전형필은 그럴 생각이 없다고 딱 잘라 말했습니다. 장사꾼이 아니었으니까요.

　존 개스비는 영국인 변호사입니다. 스물다섯 살이던 개스비는 1914년부터 일본에서 변호사로 활동하면서 문화재 수집에도 열심이었습니다. 특히 고려청자의 아름다움에 흠뻑 빠져들었지요. 개스비는 좋은 고려청자가 나타나면 값을 따지지 않고 사들였어요. 이 사실은 신보의 입을 통해 전형필의 귀에도 들어갔습니다.

"개스비 씨한테 좋은 물건이 많다면서요?"

"그런 소문이 파다합니다. 어떤 물건을 얼마나 갖고 있는지는 저도 잘 모릅니다. 다만 얼마 전에 연못과 연꽃이 그려진 청자를 사들였다고 해서 가 보았는데 정말 좋은 물건이더군요."

"신보 선생이 명품이라니 틀림없을 겁니다. 그런 것이라면 저도 하나쯤 갖고 싶은데요."

"아마 팔지 않을 겁니다. 이익을 남기려는 게 아니라 좋아서 수집하는 사람이니까요."

"그야 그렇지만……, 사람 일이란 알 수 없지 않겠습니까?"

"만약 개스비 씨가 물건을 팔 기미가 있으면 즉시 연락하도록 조치를 취해 놓겠습니다."

"꼭 그렇게 해 주십시오. 일본인들 손에 넘어가면 안 됩니다."

그로부터 몇 년 지나지 않아 전형필의 예상은 적중했습니다. 1937년 2월, 일본에서 한 통의 편지가 날아들었습니다. 개스비가 고려청자를 모두 팔려고 한다는 긴급한 내용이었습니다.

"개스비 씨가 왜 갑자기 물건을 내놓았답니까?"

"일본이 중국, 미국, 영국을 상대로 전쟁을 벌이려고 하는 것 같습니다. 위험을 느낀 개스비 씨가 재산을 정리해서 본국으로 돌아가려 한다는군요."

"그렇다면 한두 개가 아니라 모두 팔겠네요."

전형필은 신보와 함께 일본으로 건너갔습니다.

개스비의 집은 바깥에서 보는 것보다 크고 화려했습니다. 정원은 온갖 꽃나무로 가꿔 놓았고 큰 연못에서는 형형색색의 잉어들이 헤엄치고 있었지요. 2층 응접실에는 여러 종류의 청자들이 진열되어 있었습니다. 전형필이 잠깐 둘러보는 사이 개스비가 나타났습니다. 전형필은 모자를 벗고 인사를 했습니다.

"서울에서 온 전형필입니다."

"오, 그러세요?"

개스비는 뜻밖이라는 표정을 지었습니다. 나이 지긋한 일본인 수집가로 짐작했던 겁니다. 그런데 눈앞에 서 있는 사람은 조선인, 그것도 서른두 살밖에 안 되는 젊은이였습니다. 소파에 자리를 권한 개스비는 전형필과 마주 앉았습니다.

"조선분이라니 잘되었습니다. 제가 20년 동안 청자를 모아 왔지만, 사실 조선의 훌륭한 문화재가 일본으로 건너와 이리저리 팔리는 것이 안타까웠습니다. 조선 미술품의 주인은 당연히 조선인이어야 맞지요. 아직 젊고 의욕이 넘치니 훌륭한 미술품을 많이 모아 조선 문화의 우수성을 세상에 알려 주세요. 제가 가진 청자도 모조리 넘기겠습니다."

"감사합니다. 정말 감사합니다."

진정한 미술품 애호가였던 개스비는 소문으로만 듣던 열정적인 조선의 수집가를 눈앞에서 보고 자신의 청자를 모두 넘겨주기로 결정했습니다. 전형필은 개스비가 건네준 청자를 찬찬히 살펴보았습니다. 모두 20점이었습니다.

먼저 눈길을 끈 건 〈청자모자원숭이형연적〉이었습니다. 연적은 먹을 갈 때 벼루에 따를 물을 담아 두는 그릇입니다. 원숭이 연적은 어미 원숭이가 새끼를 두 팔로 감싸 안은 모습이었어요. 어미 원숭이의 정수리에 물을 붓는 구멍이 있고 새끼 원숭이의 뒤통수에 물을 따르는 구멍을 뚫어 놓았지요. 10센티미터밖에 안 되는 작은 연적이었지만 두 원숭이의 자세가 너무도 생생했습니다. 툭 튀어나온 입과 긴 귀도 원숭이의 특징을 잘 표현했지요. 청자 특유의 비색도 뚜렷했습니다. 이런 모습의 원숭이 연적은 세상에 다시없

국보 제270호,
〈청자모자원숭이형연적〉,
12세기 전기.

국보 제74호,
〈청자오리형연적〉, 12세기 전기.

국보 제66호,
〈청자상감연지원앙문정병〉, 12세기.

국보 제65호,
〈청자기린형뚜껑향로〉, 12세기 전기.

보물 제238호,
〈백자박산형뚜껑향로〉, 12세기.

을 듯싶었습니다.

  또 하나 재미있는 청자는 〈청자오리형연적〉입니다. 8센티미터밖에 안 되는 작은 물건이지요. 이 정도 크기로 청자를 빚자면 오리의 모습을 제대로 표현하기조차 어렵습니다. 그렇지만 눈매가 또랑또랑한 오리가 꽈배기처럼 꼰 연꽃 줄기를 입에 문 모습을 재미있게 표현했습니다. 날개 부분의 깃털을 자세히 묘사했는데, 통통한 몸매가 무척 귀여워 보이네요. 오리 모양 연적은 몇 점 더 있지만, 이 연적이 색깔이나 모양이 가장 뛰어나다는 평가를 받지요.

  이 밖에도 〈청자기린형뚜껑향로〉, 〈백자박산형뚜껑향로〉, 〈청자상감연지원앙문정병〉 등이 있었습니다. 하나하나 값을 따질 수 없을 만큼 귀한 청자들이었습니다. 나중에 20점 중 7점이 국보나 보물로 지정되었지요.

세상의 보물을 모아 두는 곳

　수집품은 나날이 늘어 갔습니다. 그러면서 간송에게는 더 큰 꿈이 생겼습니다. 수집한 문화재를 체계적으로 정리, 보관하고 연구하며 전시까지 할 수 있는 공간, 즉 박물관을 만드는 것이었지요. 어느 날 간송은 오세창과 이순황이 있는 자리에서 박물관에 관한 이야기를 꺼냈습니다. 박물관을 짓자면 넓은 터를 구해야 하고 건물도 지어야 합니다. 개인이 박물관을 짓는다는 건 사실 무리였지요. 나라에서 운영하는 박물관도 겨우 두 곳 있을 뿐이었거든요.

　'이왕가박물관'은 우리나라 최초의 박물관(1909년)으로 대한 제국 황실에서 순종 황제를 위로한다는 목적으로 만들었습니다. 실제로는 일본인들이 주도해 만든 것으로, 저들의 침략을 무마하기 위한 의도가 컸지요. 이왕가박물관은 창경궁 안에 식물원, 동물원과 함께 만들었는데 불상, 도자기, 그림 등 1만 2000점이 넘는 유물이 있었습니다.

　'조선총독부박물관'은 경복궁 안에 2층 전시 공간을 세웠습니다. 이름에서 알 수 있듯이 조선을 다스리던 총독부에서 만든 것(1915년)입니다. 그러다 보니 일본이 편찬한 식민 사관에 걸맞도록 조선의 유물을 전시했지요. 제대로 된 박물관이라 할 수 없었습니다.

두 박물관은 모두 궁궐 안에 세웠으며, 황실과 조선 총독부 등 국가 기관이 나섰지요. 이런 탓에 오세창과 이순황도 반신반의했던 겁니다. 하지만 간송은 이미 박물관이 들어설 터를 마련했습니다. 지금 간송미술관이 자리 잡은 서울시 성북동이지요. 본래 프랑스 사람이 별장을 짓고 살던 터를 지체 없이 사들였습니다. 그리고 건축가 박길룡에게 박물관 건물 설계를 맡겼습니다.

"최고의 박물관을 만들고 싶습니다. 건축 자재도 좋은 걸 쓰고 지하 수장고도 튼튼하게 지어야 합니다."

"그러려면 적어도 3, 4년은 걸리겠는데요."

"오래 걸려도 됩니다. 남 보기 부끄럽지 않게 지어 주십시오. 우리 조선의 백자처럼 하얗고 단순하면서도 우아한 모습으로 말이지요."

"하하하, 이것 참, 주문이 퍽 까다롭네요. 한번 멋지게 만들어 보겠습니다."

간송은 박물관이 서는 터 옆에 표구소도 차렸습니다. 표구는 그림이나 글씨에 종이나 비단을 바르고 장식을 해서 족자, 병풍을 만드는 일을 말합니다. 모은 그림이나 글씨가 많다 보니 표구소는 꼭 필요했지요.

지금 간송미술관에는 그림 말고도 많은 글씨 작품이 있는데, 그중에서도 추사 김정희의 것이 유명합니다. 김정희는 오세창의 아버지 오경석의 스승이었습니다. 김정희는 추사체라는 글씨를 만든, 우리나라 역사상 가장 글씨를 잘 쓰는 서예가 중 한 사람으로 꼽힙니다. 몇 작품 감상해 볼까요?

〈대팽두부과강채 고회부처아녀손〉, 김정희, 1856년.
"좋은 반찬은 두부, 오이, 생강, 나물이다."라는 내용을 담은 옛 시의 한 구절.

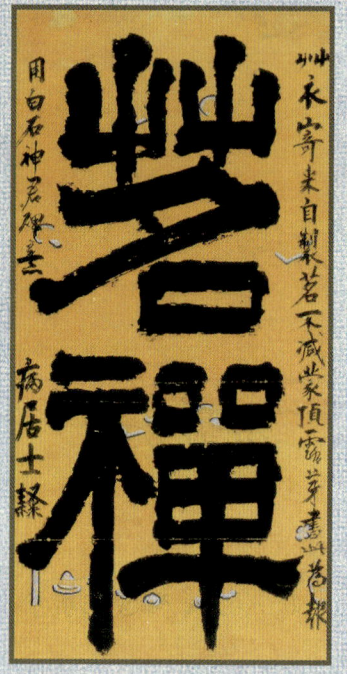

〈명선〉, 김정희, 1786년.
김정희가 친구 초의에게 지어 준 호이다. 명선(茗禪: 차싹 명, 고요할 선)은 보통 '차를 마시며 깨달음에 이른다' 또는 '찻잎을 덖는 스님'이란 뜻이다.

〈계산무진〉, 김정희, 1786년.
김정희가 김수근(1798~1854년)에게 써 준 글씨. '시냇물과 산이 끝없이 이어진다'는 뜻. '계산'은 가로로 쓰고 '무진'은 세로로 썼다. 글씨 크기가 저마다 다르다. 독특한 디자인 감각을 엿볼 수 있다.

〈대팽두부과강채 고회부처아녀손〉은 '예서 대련' 작품입니다. '예서'는 글씨체, '대련'은 짝을 이루는 글귀를 말하지요. 두 작품이 마치 한 형제처럼 글자 수와 글자 모양, 내용이 비슷합니다. 뜻을 풀이하면 이렇습니다.

"좋은 반찬은 두부, 오이, 생강, 나물이고, 훌륭한 모임은 부부와 아들, 딸, 손자이다."

김정희가 일흔한 살로 세상을 떠나던 해에 쓴 글씨입니다. 대가가 쓴 글이니만큼 굉장히 어려운 내용일 것 같은데 의외로 평범합니다. 행복은 가장 가까운 데 있다는 말로 들리네요. 글씨체 역시 위대한 서예가가 썼다고는 느껴지지 않을 만큼 단순합니다. 멋을 부리려 하지도 않았고 잘 쓰려고 애쓰지도 않았습니다. 평범함과 단순함이 오히려 위대해 보이네요.

〈명선〉은 김정희의 작품 중 가장 크지요. 길이가 1미터가 훨씬 넘거든요. '명선'은 '차를 마시며 수행을 하다'라는 뜻입니다.

김정희의 친구 중에 초의 선사라는 스님이 있었습니다. 초의 선사는 우리나라에 다도(차 마시는 예절)를 세운 사람으로 널리 알려졌지요. 이 글씨는 김정희가 차를 보내 준 초의 선사에게 고마움의 표시로 보낸 것입니다. 가운데에 두 글자를 크게 쓴 후 양옆에 작은 글씨를 넣었습니다. 큰 글자와 작은 글자를 구성한 비례가 절묘합니다. 글씨도 크지만 글씨의 획도 굵어 굉장한 힘이 느껴집니다.

〈계산무진〉은 '계산은 끝이 없다'라는 뜻입니다. 맨 오른쪽 글씨는 시냇물 '계' 자입니다. 마치 물이 흘러가는 것처럼 리듬감이 느껴지는군요. 글씨이지만 그림을 보는 맛도 있습니다.

'계산' 두 글자는 가로, '무진' 두 글자는 세로로 썼습니다. 크기가 다른 네 글자를 절묘하게 배치했지요. 전체로 보면 글자 배치가 약간 기운 듯한데, 오히려 아름다워 보입니다. 이 작품은 균형과 조형미가 매우 뛰어나다는 평가를 받고 있지요. 추사체의 완성을 이룬 작품으로 널리 알려졌습니다.

1938년. 무더위가 끝나 갈 무렵, 하얀색 2층 건물이 성북동 나지막한 언덕에 모습을 드러냈습니다. 하얗고 단순한 겉모습은 마치 조선백자처럼 깨끗하면서도 우아했습니다. 건물 안으로 들어서면 입이 더 벌어집니다. 우리 문화재를 전시하는 일이 부끄럽지 않도록 고급스러운 자재를 써서 내부를 장식했거든요.

계단은 이탈리아제 대리석으로 만들었고, 진열실 바닥은 시멘트 대신 나무를 깔았습니다. 진열장 역시 정성 들여 만들었어요. 나무는 일본에서 사 왔고 만드는 일은 중국 기술자가 맡았지요. 지금도 간송미술관에서 전시회를 하면 이 진열장을 그대로 씁니다. "진열장도 문화재로 등록해야 한다."는 우스개가 나올 정도로 잘 만들었습니다. 모든 면에서 당시 최고의 박물관이었습니다.

오세창은 물론 이순황, 박종화, 고희동 등 많은 예술인이 함께 모

4년에 걸친 공사 끝에 완공된 보화각.

여 기쁨의 순간을 맛보았습니다. 우리나라 최초의 사립 미술관의 탄생이었습니다. 오세창이 박물관에 이름을 붙였습니다.

보화각(葆華閣).

'세상의 보물을 모아 두는 집'이라는 뜻입니다. 빛나는 우리 문화재의 보물들이 모두 모였으니 박물관 이름으로는 꼭 맞았습니다.

우리 문화재를 지켜 낸 '문화 독립투사 간송'이라는 이름에 가려, 잊고 지내는 또 하나의 간송이 있습니다. 민족의 미래를 위해 보성학교(지금의 서울 보성중고등학교)를 운영한 '교육가 간송'입니다.

간송이 보성학교를 인수한 때는 1940년입니다. 일제의 수탈이 극성을 부릴 때였지요. 보성학교는 3·1 만세 운동 때 '독립 선언서'를 인쇄한 곳입니다. 나라를 지키는 인재를 키워 내겠다는 뜻으로 만든 민족 학교였지요. 그런데 학교 운영이 점점 어려워진다는 소문이 간송에게 들려왔습니다. 민족정신을 바로 세우려면 교육을 통해 인재를 키우는 수밖에 없다는 뜻을 실천할 기회가 온 거지요. 학교 인수는 큰돈이 들어가는 일이었지만 간송은 아랑곳하지 않았습니다. 우여곡절 끝에 마침내 간송은 보성학교의 운영자가 되었습니다.

간송은 학교 일에 쓸데없이 간섭하지 않았습니다. 어떤 직책도 맡지 않았습니다. 다만 학생들에게 우리말과 글을 가르쳐 달라는 부탁만은 했지요. 보성학교를 인수한 건 일본의 국어 말살, 역사 왜곡에 대비해 올바른 교육을 하기 위해서였거든요.

간송이 보성학교 학생들에게 쏟은 애정은 각별했습니다. 학생들의 졸업장마다 이름을 직접 썼고, 보성학교 학생들을 위해 특별 전시회를 열기도 했지요. 졸업식 때는 3·1 독립 선언서를 낭독하게 했습니다. 보성학교 운영은 우리 문화재 지키기와 더불어 간송이 정성을 쏟은 또 하나의 과업이었습니다. 보화각이 우리 문화의 보물을 모아 두는 곳이라면, 보성학교는 나라를 이끌어 갈 보물 같은 인재를 기르는 곳이라고 해 두면 좋겠네요.

독립, 그리고 다시 전쟁

1945년 8월 15일.

미국, 영국, 프랑스 등 연합국과 제2차 세계 대전을 벌이던 일본은 무조건 항복을 선언했습니다. 나가사키와 히로시마에 떨어뜨린 원자 폭탄에 더 이상 버틸 재간이 없었거든요. 중국 상하이에 임시 정부를 세우고 35년 동안 독립 투쟁을 벌였던 우리는 마침내 일본에서 해방된 것입니다. 손에 손에 태극기를 들고 거리로 뛰쳐나온 사람들은 독립의 기쁨을 마음껏 누렸습니다. 이날이 오기까지 많은 사람들이 애썼습니다. 무기를 들고 직접 일본과 싸우던 사람들도 있었고, 교육을 통해 우리말과 독립 정신을 가르치기도 했습니다. 간송처럼 문화 독립운동을 하던 사람들도 있었지요. 이날만큼은 모두 하나 되어 기쁨을 나누었습니다. 간송과 오세창, 이순황도 보화각에 모였습니다.

"기뻐하기는 아직 이를 때네."

"맞습니다. 몇몇 일본인이 본국으로 돌아가기 전에 갖고 있던 문화재를 급하게 처분한다는 소문이 나돕니다."

"종이 쪼가리 하나라도 일본으로 건너가면 안 됩니다. 끝까지 지켜 내야 합니다."

간송은 여기저기 돌아다니며 일본인들이 내놓은 문화재를 거둬들이는 일에 매달렸습니다. 일이 어느 정도 마무리된 다음에야 비로소 한시름 놓았지요. 일본에 맞서 우리 문화재를 지키려고 안간힘을 썼던 지난 15년간의 일들이 스쳐 갔습니다. 숱하게 애를 태웠고 울분을 토하기도 했습니다. 독립이 조금만 더 늦었더라도 지쳐서 포기했을지 모릅니다.

간송은 힘들게 지켜 낸 문화재를 하나하나 살펴보았습니다. 이렇게 많은 문화재를 수집할 줄은 미처 몰랐습니다. 일제 강점기 동안 처절하게 우리 민족의 혼과 얼이 담긴 문화재를 지켜 냈던 간송은 해방이 되자 수집을 거의 중지했습니다. 사람들이 의아해서 물었습니다.

"이제는 누가 사든 이 땅에 남는 문화재이니 상관없습니다. 일본인이나 외국인만 아니라면."

간송은 그동안 자신을 억누르던 의무감에서 벗어나 마음껏 자유를 누렸습니다. 자식들과 놀아 주기도 했고, 수집하는 데만 전념했던 문화재들을 정리하는 데 정성을 쏟았습니다. 또 문화재 보존 위원으로 활동하면서 문화재를 조사하고 연구하는 일에 참여했습니다. 그만큼 우리 문화재를 사랑하고 많이 아는 사람은 없었으니 꼭 맞는 일이었지요.

해방 후 1년 동안 전형필은 보성학교의 교장을 맡기도 했습니다. 새로운 학교로 거듭나기 위한 준비였지요. 어쩌면 이 짧은 시기는 간송의 삶에 있어서 가장 행복한 순간이었는지도 모릅니다.

마냥 기쁠 줄만 알았던 민족의 독립이 좋은 것만은 아니었습니다. 조국이 남북으로 갈라져 두 개의 정부가 각각 들어섰기 때문입니다. 남쪽은 대한민국, 북쪽은 조선 민주주의 인민 공화국이 되었습니다. 이념을 달리하는 두 세력은 사사건건 부딪혔고, 서로를 미워했습니다. 언제 터질지 모르는 시한폭탄을 안고 사는 셈이었습니다. 마침내 우려하던 일이 터지고 말았습니다.

1950년 6월 25일, 북한은 모두가 잠든 새벽을 틈타 남한을 공격해 왔습니다. '6·25 전쟁'이라고 부르는 3년간의 기나긴 전쟁의 시작이었습니다. 소식을 듣고 오세창과 이순황이 보화각으로 달려왔습니다.

"국군은 제대로 싸워 보지도 못하고 후퇴한다고 하더군요."

"설마, 우리 군이 지기야 하려고요."

"그게 아닌 모양이야. 대통령도 서울을 버리고 피난을 떠난다는 소문이 들려. 내일이나 모레쯤이면 북한군이 서울에 들이닥칠지도 모른다네."

"큰일 났군요. 보화각이 걱정입니다."

"저 많은 문화재를 어떻게 하지요? 들고 떠날 수도 없고, 그냥 둘

수도 없고."

"일제 강점기 때도 무사히 지켜 냈는데 설마 무슨 일이 일어나려고요."

아무런 준비도 없이 벌어진 전쟁이라 우리 국군은 속수무책으로 당했습니다. 불과 사흘 만에 북한군이 서울로 들이닥쳤지요. 남쪽으로 피난할 수 있는 유일한 길인 한강 다리는 이미 폭파되었고, 대통령마저 허겁지겁 대전으로 피신했습니다. 간송은 보화각 근처 아는 사람의 집으로 몸을 숨겼습니다. 보화각의 문화재는 그대로 둘 수밖에 없었습니다.

보화각에도 북한군이 들어왔습니다. 그들은 보화각의 문화재를 모두 북한으로 가져가려는 계획을 세웠습니다. 문화재를 포장하고 옮기는 일을 잘하는 사람이 필요했습니다. 북한군이 일을 맡긴 사람은 최순우과 손재형이었습니다. 최순우는 국립중앙박물관 직원이었고, 손재형은 서예가이자 문화재 수집가인지라 안성맞춤이었지요.

"동무들, 빠른 시일 안에 모든 작업을 마치시오."

북한 감시원은 눈을 부라리며 명령했습니다. 그러나 두 사람은 최대한 시간을 끌며 말을 듣지 않았습니다.

포장한 것과 남은 것의 목록이 맞지 않는다, 나무 상자가 부족하다, 크기를 잘못 재었다, 도자기를 포장하면서 크기를 잘못 재었

고고 미술학자, 미술 평론가이자 국립중앙박물관 관장을 지낸 혜곡 최순우.

다, 충격 흡수용 종이를 넣지 않았다, 또 불상은 머리 부분이 약해 다시 싸야 한다면서 시간을 끌었습니다. 사흘 동안 포장한 게 겨우 다섯 점 남짓 되었습니다. 다행히 북한 감시원도 전문가가 아닌지라 속아 넘어갔습니다. 그런데 며칠이 지나도 진척이 없자 다그치기 시작했습니다.

두 사람은 다른 방법을 찾았습니다. 마침 보화각 지하실에는 간송이 보관해 놓은 술이 몇 상자 있었습니다. 두 사람은 감시원들에게 그 술을 권했습니다. 그들은 처음 보는 좋은 술에 취해 마음껏 마시고 밤새 곯아떨어지기 일쑤였습니다. 손재형은 일부러 계단에서 굴러 다리를 다쳤다는 핑계를 대고 늑장을 부리기도 했습니다. 감시원은 마침내 권총을 들이대며 화를 내었습니다.

"무슨 수작을 부리는 거야. 밤을 새워서라도 내일까지 작업을 마쳐라!"

위기일발의 순간이었습니다. 그러나 하늘의 도움인지 다음 날 인천 상륙 작전에 성공한 국군이 서울로 들어왔습니다. 북한 감시원들은 간밤에 소리 없이 도망친 다음이었습니다.

보화각으로 돌아온 간송은 문화재부터 살폈습니다. 다행히 중요한 문화재들은 모두 그대로였습니다. 간송은 두 사람의 손을 잡고 기쁨의 눈물을 흘렸습니다.

"고맙소. 두 분 덕택입니다."

"아닙니다. 모두 하늘의 도움입니다."

전쟁은 모든 걸 파괴시킵니다. 건물이나 다리는 새로 만들 수 있지만 한번 파괴된 문화재는 복구할 수 없습니다. 그렇기에 문화재를 지키려는 사람들의 노력은 눈물겹습니다. 보화각의 문화재는 최순우, 손재형 두 사람이 무사히 지켜 냈습니다. 그렇지만 아직 전쟁이 끝난 건 아닙니다. 만약의 사태에 대비해 미리 포장해 놓기 시작했습니다.

예상은 적중했습니다. 중국군이 개입하면서 다시 서울을 버리고

피난을 떠나게 되었거든요. 많은 문화재를 다 가져갈 수 없어서 중요한 것만 기차에 실어 부산으로 보냈습니다. 무거운 책이나 그 밖의 것들은 보화각에 그대로 두거나 보성학교 도서관에 보관해 놓았지요. 마지막으로 《훈민정음해례본》은 든든한 가죽 가방에 넣었습니다. 잠시라도 손에서 떨어진 적이 없었지요. 밤이 되면 머리맡에 두고 잠을 잤습니다. 간송이 가장 아끼는 보물이었거든요.

전쟁이 끝난 후 돌아와 보니 보화각은 난장판이 되어 있었습니다. 누군가가 남아 있던 문화재와 책들을 모조리 가져가 버린 것이었습니다. 트럭이 보화각 마당까지 들어와서 실어 나가는 걸 보았다는 사람도 있었습니다. 불쏘시개를 하려고 귀한 책들을 들고 가 버린 사람도 있었습니다. 값이 좀 나가는 물건들은 나중에 골동품 상점이나 길거리 책방, 심지어 고물상에서도 발견되었습니다. 간송의 마음은 터질 듯 아팠습니다. 그래도 할 수 없었습니다. 물건이 나타났다는 소문만 들리면 쏜살같이 달려가 말없이 되샀지요. 분명 간송이 주인이라는 도장이 찍혔는데도 내색하지 않았습니다.

　간송은 잃어버렸던 물건들을 되사느라 남은 재산마저 써 버렸습니다. 더구나 믿고 맡겼던 학교에 돈 문제가 생겨 수많은 빚까지 떠안게 되었습니다. 속을 알지 못하는 사람들은 이렇게 말하곤 했습니다.

　"그깟 빚, 도자기 몇 점만 팔아도 해결되는데 무슨 걱정이야."

　간송은 그렇게 하지 않았습니다. 개인의 재산이 아니라 민족 전체의 재산이었거든요. 간송은 혼자 속앓이하며 해결해 갔습니다. 그러는 동안에 몸은 조금씩 망가져 갔습니다.

우리의 문화를 알리려는 마지막 열정

1957년, 우리 문화재들이 미국 나들이를 했습니다.

워싱턴, 뉴욕, 보스턴, 시애틀, 샌프란시스코, 로스앤젤레스 등 8개 주요 도시를 돌면서 '한국 국보전'이라는 전시회를 연 것이지요. 아직 6·25 전쟁의 상처가 채 아물지 않았던 시절이었습니다. 외국 사람들은 대한민국을 전쟁으로 모든 것이 파괴된 가난한 나라로만 여기고 있었지요. 그렇지만 우리는 5000년의 역사가 있었습니다. 오랜 역사 속에서 우수한 문화를 만들어 낸 저력 있는 민족이었지요. 우리 문화재를 통해 이를 세계에 알리는 게 전시회를 연 목적이었습니다.

전시회에서는 우리나라를 대표하는 문화재 198점을 선보였습니다. 간송이 수집한 〈미인도〉, 《혜원전신첩》, 〈청자상감운학문매병〉, 〈청자모자원숭이형연적〉도 함께 전시하게 되었지요.

전시회를 앞둔 어느 날, 미국에 살던 우리 유학생들이 간송을 찾아왔습니다. 머나먼 타국에서 동포를 만난 간송은 무척 기뻤습니다. 전시회를 축하해 주려고 동포들이 찾아올 줄은 몰랐거든요. 그런데 그들의 입에서는 뜻밖의 말이 튀어나왔습니다.

"전시회를 중단시켜 주십시오."

"그게 무슨 말인가요?"

"창피해서 그럽니다."

"창피하다니? 도대체 무엇이 창피하다는 말입니까?"

"전쟁이 끝난 지 이제 겨우 4년 지났습니다. '대한민국' 하면, 파괴된 건물이나 전쟁고아를 떠올리는 미국 사람들이 많습니다. 그런 나라가 여는 전시회에 뭐 볼 게 있다고 생각할까요?"

"그렇습니다. 고작해야 옛날 부엌에서나 쓰던 허름한 도자기, 중국 흉내나 내던 그림, 낡아 빠진 오래된 책, 잘 알지도 못하는 불상 따위뿐이잖아요."

"그런 걸 전시하면 미국 사람들이 우리를 얼마나 더 깔보겠습니까? 창피해서 얼굴을 들고 다닐 수 없습니다."

흥분한 유학생들이 돌아가며 큰 소리로 항의했습니다. 간송은 차분하게 유학생들을 설득했습니다.

"여러분이 잘 몰라서 그러는 겁니다. 우리 문화재는 중국, 일본에 비해 조금도 뒤떨어지지 않습니다. 전시회가 시작되면 미국 사람들도 금방 인정해 줄 겁니다. 더구나 일제 강점기는 물론 6·25 전쟁 때도 목숨 걸고 지켰던 문화재입니다. 자랑스러워해도 부족할 판인데 창피하다니요."

"우린 그딴 거 잘 모릅니다. 세계 최고의 선진국인 미국에서 그

런 지저분한 물건들을 전시해서 창피당할 일이 뭐 있습니까? 빨리 전시회를 중단시켜 주세요."

　타국 땅에서 처음 여는 전시회, 격려는 못 해 줄망정 재를 뿌리려는 유학생들의 행동에 간송은 답답하기 그지없었습니다. 그런데 가만 생각해 보니 그럴 만도 했습니다. 당시만 해도 일반 사람들이 우리 문화재를 접할 기회가 거의 없었거든요. 다들 먹고살기에도 바쁜 처지인데 문화재를 감상한다는 건 사치라고 여겼지요. 그게 자랑스러운 문화의 소산이라는 것도 알 턱이 없었습니다. 배울 만큼 배웠다는 미국 유학생들까지 말입니다. 모두가 우리 문화를 비하하던 일본의 식민지 교육을 받은 탓입니다.

　간송은 무엇보다 우리 문화에 대해 제대로 알리는 게 중요한 일임을 깨달았습니다. 그러하기에 더더욱 전시회를 중단시키면 안 될 일이었습니다. 이 정도의 전시회라면 외국인들도 충분히 우리 문화의 우수성을 알아줄 거라 믿었기 때문입니다.

　간송의 예상은 맞아떨어졌습니다. 전시회가 시작되자 미국 언론의 찬사가 쏟아지기 시작했거든요.

　　전쟁고아로만 들썩이는 고요한 아침의 나라 한국이 아주 보배로운 문화유산 전시회를 열었다. 반복된 침략과 영향 속에서도 독특한 성격을 유지한 사실이 놀랍다.

한국 미술은 중국과 다른 독자성을 지녔다. 한국 미술은 일본에까지 영향을 끼쳤다.

우리 문화는 중국의 곁가지라고 생각하는 사람들이 의외로 많습니다. 얼핏 보면 중국의 도자기나 그림과 비슷하기 때문이지요. 하지만 고려청자나 불상, 풍속화, 진경산수화를 보면 중국과 다른 점이 많습니다. 중국의 문화를 받아들이되 우리만의 독특한 문화로 발전시켰거든요. 우리 문화의 아름다움과 독자성을 외국 사람들도 인정해 준 겁니다.

간송은 가슴 뿌듯했습니다. 우리 문화재를 지키고 연구해 왔던 오랜 세월이 결코 헛되지 않았습니다. 자랑스러운 문화재들을 빼앗겼다면 이런 기회조차 없었겠지요. 한편으로는 중요한 과제도 생겼습니다. 우리 문화재를 지켜 내는 게 지금까지의 과제였다면 이제부터는 가치와 소중함을 알려야 했거든요.

무슨 일부터 하면 좋을지 고민하던 간송은 '고고미술동인회'를 만들었습니다. 간송과 뜻을 같이하는 사람들이 만든 모임이었습니다. 우리 문화재 전문가인 최순우, 황수영, 진홍섭, 김원룡 등이 참여했지요. 간송이 먼저 말을 꺼냈습니다.

"우리 문화재에 대한 인식이 턱없이 부족합니다. 아름답다거나 잘 보존해야 할 가치 있는 것이라는 생각도 없어요. 그저 옛날 것이니까 낡고 지저분하다고 여길 뿐이지요."

"그러게 말입니다. 얼마 전에 간송과 함께 경주 석굴암에 들렀는데 유엔 사절단이 석굴암을 방문한다고, 불상을 대대적으로 닦아 낸다지 뭡니까. 간송과 함께 한밤중에 찾아갔더니, 아, 글쎄……."

황수영이 기가 막힌다는 듯 말을 잠깐 멈추었습니다.

"불상을 빡빡 문질러 닦아서 돌가루가 수북하게 쌓여 있었지요."

"그게 닦은 거요? 불상을 갈아 낸 거지."

"세월의 때가 묻은 걸 오히려 자랑스러워해야 하는데 더럽다고 닦아 내다니……, 쯧쯧."

"우리끼리만 우리 문화재가 훌륭하다고 소곤거리면 무슨 소용이 있겠소. 사람들에게 가치를 제대로 알려야지요."

"맞습니다. 우리 문화 수준이 높아도 알아보는 눈이 없다면, 말짱 도루묵이지요. 좋은 방법이 없을까요?"

"우리가 연구한 것들을 책으로 내면 어떻겠소?"

"거 좋은 생각입니다."

"한 번 하고 말면 하나 마나지요."

"그래요. 정기적으로 꾸준히 내야 합니다."

"비용이 만만찮게 들어갈 텐데요."

"그런 걱정은 하지 마시오. 내가 해결할 테니 여러분은 좋은 글을 쓸 걱정이나 하시오."

고고미술동인회에서는 《고고미술》이라는 책을 정기적으로 펴 내어 많은 사람들에게 우리 문화재에 대해 알리기로 했습니다. 사실 《고고미술》이라는 책을 낼 때는 간송이 경제적으로 굉장히 어려웠습니다. 그렇지만 결코 내색하지 않았습니다. 자신도 글을 써서 싣는 건 물론 책을 내는 데 필요한 경비도 대부분 부담했지요. 우리 문화재에 대한 열정이 아니었다면 할 수 없는 일이었습니다.

 안타깝게도 이런 활동이 오래가지 못했습니다. 간송에게 갑작스런 병이 찾아왔거든요. 금방 툭 털고 일어날 줄 알았는데 마음대로 되지 않았습니다. 그렇지만 간송은 몸조리는커녕 오로지 《고고미술》에 열중할 뿐이었습니다. 책에 실을 원고에서 틀린 글자나 내용을 바로잡기도 했습니다. 그러는 가운데 병은 점점 더 깊어 갔습니다.

에필로그

　병실 안은 어둡고 조용했습니다. 사방이 잠들었지만 아직 잠들지 못한 두 사람이 있었지요. 침대에 누운 아버지는 아픔을 삼키는 신음 소리만 이따금 내뱉었습니다.
　"나 좀 일으켜 주렴."
　아들은 조심스레 아버지를 일으켰습니다. 몸을 움직일 때마다 가슴 통증 때문에 내뱉는 신음이 병실 안을 울렸습니다. 한평생 일본과 맞서 싸우며 우리 문화재를 지켜 낸 아버지, 그렇게 강했던 분이 병마와 싸우고 있었습니다.
　"진통 주사 좀 놓아 달라고 할까요?"
　"아니, 괜찮다. 그보다도 보고 싶은 게 있구나."
　아들이 어렸을 적, 어쩌다 소변이 마려워 밤에 깨는 날이면 거실에서 그림이며 도자기를 놓고 감상하는 아버지를 볼 수 있었습니다. 푸른빛 도는 청자를 손에 올려 조심스레 닦으면서, 어루만지기도 뺨에 대어 보기도 하며 흐뭇하게 미소 짓던 아버지. 그럴 때 아버지는 세상에서 가장 행복한 사람 같았습니다.

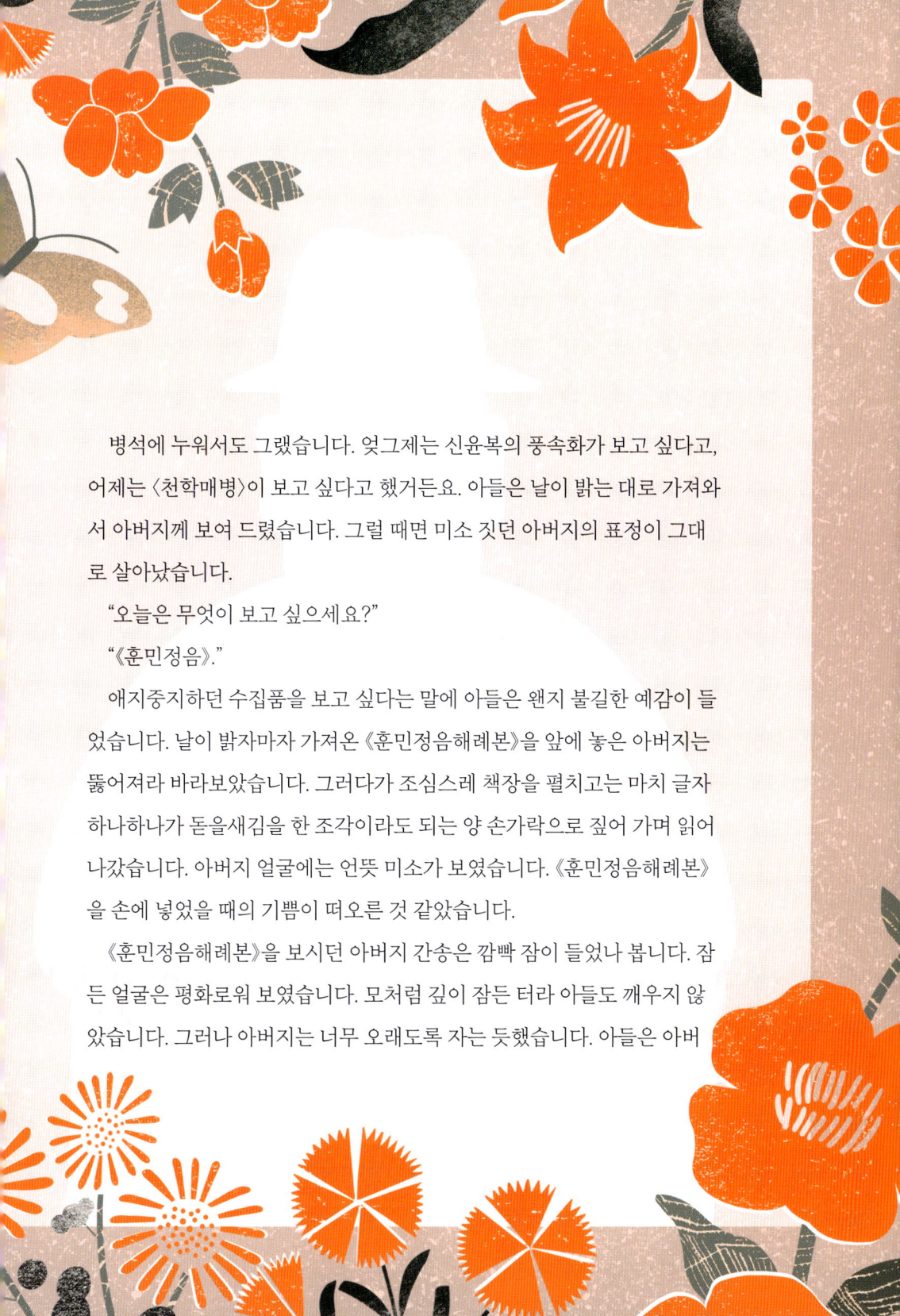

병석에 누워서도 그랬습니다. 엊그제는 신윤복의 풍속화가 보고 싶다고, 어제는 〈천학매병〉이 보고 싶다고 했거든요. 아들은 날이 밝는 대로 가져와서 아버지께 보여 드렸습니다. 그럴 때면 미소 짓던 아버지의 표정이 그대로 살아났습니다.

"오늘은 무엇이 보고 싶으세요?"

"《훈민정음》."

애지중지하던 수집품을 보고 싶다는 말에 아들은 왠지 불길한 예감이 들었습니다. 날이 밝자마자 가져온 《훈민정음해례본》을 앞에 놓은 아버지는 뚫어져라 바라보았습니다. 그러다가 조심스레 책장을 펼치고는 마치 글자 하나하나가 돋을새김을 한 조각이라도 되는 양 손가락으로 짚어 가며 읽어 나갔습니다. 아버지 얼굴에는 언뜻 미소가 보였습니다. 《훈민정음해례본》을 손에 넣었을 때의 기쁨이 떠오른 것 같았습니다.

《훈민정음해례본》을 보시던 아버지 간송은 깜빡 잠이 들었나 봅니다. 잠든 얼굴은 평화로워 보였습니다. 모처럼 깊이 잠든 터라 아들도 깨우지 않았습니다. 그러나 아버지는 너무 오래도록 자는 듯했습니다. 아들은 아버지를 불러 보았으나 대답이 없었습니다. 가장 아끼던 《훈민정음해례본》을 가슴에 꼭 안은 채였습니다.
　1962년, 1월의 찬 바람은 간송을 앗아 갔습니다. 두어 달만 있으면 보화각 뜰에 필 매화꽃도 못 본 채였지요. 그의 나이 불과 쉰일곱 살이었습니다. 간송 없는 보화각은 빛을 잃었습니다.
　얼마 후 보화각은 새롭게 탈바꿈했습니다. '간송미술관'이라는 새로운 이름을 얻었고, '한국민족미술연구소'가 설립되었습니다. 보화각을 자주 드나들던 학자들과 간송의 아들이 함께 뜻을 모은 겁니다. 간송은 갔지만 그 뜻을 이어받아 해야 할 일이 산더미처럼 쌓여 있었거든요.
　간송미술관은 최완수 연구 실장을 중심으로 체계적인 정리와 연구가 진행되었습니다. 정선, 김홍도, 김정희 등 우리 미술사를 빛낸 예술가들이 새롭게 조명되기 시작했습니다. 간송미술관을 드나들면서 우리 미술을 연구하는 학자들을 '간송학파'라고까지 부르지요.
　1971년부터는 일반인들에게도 미술관이 공개되었습니다. 일제 강점기 시절에는 감시와 탄압으로, 이후에는 6·25 전쟁의 어수선함으로 전시회다운 전시회를 열지 못했거든요. 1971년 겸재 정선의 작품을 시작으로 한 해도 빠짐없이 봄, 가을 정기 전시회를 열었습니다. 이를 보려고 수많은 사람

들이 전시회를 찾지요. 전시회 때마다 연구 성과를 담은 《간송문화》라는 책도 발간됩니다.

　간송미술관, 《간송문화》, 간송학파…….

　이제 간송이라는 이름은 전형필 개인이 아니라 모든 사람의 것이 되었습니다. 한 사람의 이름이 세상에 이로움을 펼칠 때 얼마나 아름다운가를 몸소 보여 준 분이 바로 간송 전형필이지요. 간송은 살아생전 수많은 문화재를 수집했습니다. 그중에서도 특히 가치를 인정받은 문화재 12점은 국보, 10점은 보물로 지정되었습니다. 신윤복의 〈미인도〉를 비롯해, 이정의 《삼청첩》, 정선의 《경교명승첩》, 김정희의 《난맹첩》, 김득신의 풍속화 등은 새로이 보물로 지정받기 위해 준비 중이지요. 간송은 흩어질 뻔한 우리 문화재를 모아 보배로 만든 분입니다.

　말하기 좋아하는 사람들은 이렇게 쉽게 말합니다.

　"나도 돈만 있으면 그렇게 했겠다."

　이건 재산이 많다고 되는 일이 아닙니다. 간송은 우리 문화재 지킴이라는 힘든 외길을 신념을 가지고 평생 우직하게 걸었지요.

　"뚜벅뚜벅."

　간송의 걸음은 세상을 빛낸 큰 발걸음이었습니다.

도판 목록

- 21쪽 《훈민정음해례본》, 간송미술관
- 29쪽 전형필 사진, 간송미술관
- 30쪽 박종화 사진, 《박종화의 삶과 문학》
- 37쪽 와세다대학 시절 전형필 사진, 간송미술관
- 38쪽 〈부채를 든 자화상〉, 국립현대미술관
- 40쪽 위창 오세창 사진, 《한동아집첩》, 국립중앙도서관
- 51쪽 《경교명승첩》 중 〈목멱조돈〉, 간송미술관
- 52쪽 《경교명승첩》 중 〈독서여가도〉, 간송미술관
- 54쪽 《신묘년 풍악도첩》 중 〈단발령망금강산〉, 국립중앙박물관
- 55쪽 〈청풍계〉, 간송미술관
- 57쪽 보화각 기념사진, 간송미술관
- 58쪽 한남서림, 《해동역대명가필보》
- 59쪽 《해동역대명가필보》, 국립중앙도서관
- 62쪽 〈마상청앵도〉, 간송미술관
- 65쪽 〈황묘농접〉, 〈촉잔도권〉 부분, 간송미술관
- 70쪽 〈미인도〉, 간송미술관
- 71쪽 《혜원전신첩》 중 〈월하정인〉, 〈단오풍정〉, 간송미술관
- 77쪽 1909년 무렵의 석굴암, 《석굴암 백년의 빛》
- 79쪽 일제 강점기 때의 다보탑, 석가탑, 《조선고적도보》
- 88쪽 〈청자상감운학문매병〉, 간송미술관
- 97쪽 〈청자모자원숭이형연적〉, 〈청자상감연지원앙문정병〉, 〈청자오리형연적〉, 〈청자기린형뚜껑향로〉, 〈백자박산형뚜껑향로〉, 간송미술관
- 101쪽 〈대팽두부과강채 고회부처아녀손〉, 간송미술관
- 102쪽 〈명선〉, 〈계산무진〉, 간송미술관
- 105쪽 보화각 사진, 간송미술관
- 114쪽 최순우 사진, 국립중앙박물관

지은이 최석조

초등학교에서 아이들을 가르치고 있습니다. 한신대학교 교육대학원에 다니면서 우리 옛 그림을 알게 되었고 금방 그 멋스러움에 흠뻑 빠져들었습니다. 지금도 글 쓰고 강연을 하며 어린이들에게 쉽고 재미있는 우리 옛 그림을 소개하는 데 힘쓰고 있습니다. 지은 책으로는 《김홍도의 풍속화로 배우는 옛사람들의 삶》, 《신윤복의 풍속화로 배우는 옛사람들의 풍류》, 《우리 옛 그림의 수수께끼》, 《재미로 북적이는 옛 그림 길》, 《조선 시대 초상화에 숨은 비밀 찾기》 등이 있습니다.

그린이 권아라

한국예술종합학교에서 순수미술을 공부하고 현재 프리랜서 일러스트레이터로 활동하고 있습니다. 글로 표현되지 않는 이야기를 은유적으로 풀어내는 것을 즐깁니다. 단행본, 그림책, 잡지, 앨범 등 다양한 매체에 그림을 그리고 있습니다. 그린 책으로는 《내 인생의 화양연화》, 《용감한 보스테리》, 《따뜻한 말 한마디》, 《조선왕조실록, 목숨을 걸고 기록한 사실》, 《의궤, 조선 왕실 문화의 위대한 기록》 등이 있습니다.
www.ahrakwon.com

**조선의 백만장자 간송 전형필,
문화로 나라를 지키다**

2018년 3월 30일 1판 1쇄
2024년 5월 30일 1판 6쇄

지은이 최석조 | **그린이** 권아라

편집 최일주, 이혜정, 김인혜 | **교정** 한지연 | **디자인** recto | **제작** 박흥기
마케팅 이병규, 양현범, 이장열, 김지원 | **홍보** 조민희 | **인쇄** 코리아피앤피 | **제책** J&D 바인텍

펴낸이 강맑실 | **펴낸곳** (주)사계절출판사 | **등록** 제406-2003-034호
주소 (우)10881 경기도 파주시 회동길 252
전화 031)955-8588, 8558 | **전송** 마케팅부 031)955-8595, 편집부 031)955-8596
홈페이지 www.sakyejul.net | **전자우편** skj@sakyejul.com | **인스타그램** instagram.com/sakyejulkid
블로그 blog.naver.com/skjmail | **페이스북** facebook.com/sakyejulkid

ⓒ 최석조, 권아라 2018

값은 뒤표지에 적혀 있습니다. 잘못 만든 책은 구입하신 서점에서 바꾸어 드립니다.
사계절출판사는 성장의 의미를 생각합니다. 사계절출판사는 독자 여러분의 의견에 늘 귀 기울이고 있습니다.
이 책은 저작권법에 따라 보호받는 저작물이므로 무단 전재와 복제를 금합니다.

979-11-6094-356-6 73990
979-11-6094-333-7(세트)